MANESSE BÜCHEREI

Ulrike im Alter von 18 Jahren

Johann Wolfgang von Goethe
Ulrike von Levetzow

„... *keine Liebschaft war es nicht* “

Eine Textsammlung,

herausgegeben von Jochen Klauß

Manesse Verlag

Zürich

Inhalt

Eine ältere Dame erinnert sich …

Autobiographische Skizze
der schon betagten Ulrike von Levetzow,
in den Jahren zwischen 1868 und 1887
auf Schloß Trziblitz niedergeschrieben.

Es hat mir schon oft leid getan, daß die Erinnerung an die Zeit, welche ich Goethe gekannt, mit mir begraben wird, und damit auch all die falschen, oft fabelhaften Geschichten, welche darüber gedruckt wurden, nicht widerlegt werden; ich will versuchen, was auf die Zeit Bezug hat und mir noch erinnerlich ist, hier aufzuschreiben.

Meine Großeltern Brösigke müssen schon mit Goethe und auch Schiller bekannt gewesen sein, wie sie auch mit dem Großherzog von Weimar nicht nur bekannt, sondern befreundet waren, wie ich das ja selber noch in Marienbad gesehen habe, wo sie sich mit dem Großherzog so oft alter Zeiten und Bekannten erinnerten. Großvater war ja in Sachsen reich begütert, zuerst *[Lücke]*, dann die große Herrschaft Löbnitz, und liebte die Jagd leidenschaftlich. Goethe mochte sie wohl in Bädern kennen gelernt haben, zuerst vielleicht in einem kleinen Bade bei Leipzig, Lauchstädt; ich kann mich dessen noch ganz dunkel aus meiner frühsten Kindheit erinnern, wie ich auch die Großeltern mit Goethe darüber sprechen hörte. Meine Mutter* hatte Goethe, als ganz junge Frau, in Karlsbad kennen gelernt oder wieder angetroffen;

* *Amalie Theodore Karoline v. Levetzow* (geb. v. Brösigke) (1788–1868) war seit 1803 in erster Ehe mit dem Mecklenburg-Schweriner Hofmarschall J. Otto v. Levetzow verheiratet;

denn sie erzählte oft, daß sie durch Goethe in große Verlegenheit gesetzt wurde, da er sie in Karlsbad bei einem Spaziergange gefragt habe, welche Gedichte ihr lieber, die seinen oder die von Schiller; Mutter hatte erwidert: «Ich verstehe wohl beide nicht immer, doch die von Schiller fühle ich.» Goethe nahm ihr die Antwort nicht übel, sondern blieb sehr freundlich mit ihr und zog sie sehr viel ins Gespräch. Nach mehreren Jahren war Mutter in Teplitz und bei einer großen Gesellschaft bei Fürst Clary, wo Goethe erwartet wurde. Goethe kam, als Mutter sich grade sehr lebhaft mit einigen Bekannten unterhielt, und hatte Goethe noch nicht bemerkt, als er in den Kreis mit den Worten trat: «Die Stimme kann nur meiner kleinen Levetzow gehören»; von da unterhielt er sich fast ausschließlich mit ihr, und später wurden Mutter viele Vorwürfe gemacht, daß sie nicht schon früher gesagt, daß sie Goethe so gut kenne. In einem Brief, welchen ich von Goethe erhalten, nennt er meine Mutter einen glänzenden Stern seiner früheren Jahre.

Ich lernte Goethe im Jahre 1821 in Marienbad kennen; Mutter hatte mich aus meiner *pension* in Straßburg herausgenommen, um mit mir einige Monate bei meinen Großeltern in Marienbad zuzu-

aus dieser Ehe stammte *Ulrike Theodore Sophie v. Levetzow* (1804–1899), Goethes spätere Geliebte.
In zweiter Ehe (seit 1807) war Amalie v. Levetzow mit dem Gutsbesitzer und Offizier Friedrich v. Levetzow, in dritter Ehe (seit 1843) mit dem Grafen Franz v. Klebelsberg-Thumburg verheiratet.

bringen; Marienbad war damals noch ein kleiner, erst fast entstehender Ort, und unser Haus, «Stadt Weimar», fast das größte und schönste. Goethe hatte dort seine Wohnung genommen, und ich kann mich noch des ersten Kennenlernens sehr deutlich erinnern. Großmutter ließ mich zu sich rufen, und das Mädchen sagte mir, es sei ein alter Herr bei ihr, welcher mich sehen wollte, was mir gar nicht angenehm, da es mich in einer eben begonnenen Handarbeit störte. Als ich ins Zimmer trat, wo meine Mutter auch war, sagte diese: «Das ist meine älteste Tochter Ulrike.» Goethe nahm mich bei der Hand und sah mich freundlich an und frug mich, wie mir Marienbad gefalle. Da ich die letzten Jahre in Straßburg in einer französischen *pension* zugebracht, auch erst 17 Jahre alt war, wußte ich gar nichts von Goethe, welch berühmter Mann und großer Dichter er sei, war daher auch ohne alle Verlegenheit einem so freundlichen alten Herrn gegenüber, ohne alle Schüchternheit, welche mich sonst meist bei neuen Bekanntschaften ergriff. Goethe forderte mich gleich den andern Morgen auf, mit ihm einen Spaziergang zu machen, wo ich ihm viel von Straßburg und der Erziehungsanstalt erzählen mußte; ich besonders klagte, wie ich mich ohne meine Schwestern, von welchen ich zum ersten Mal getrennt sei, einsam fühle, und ich bin überzeugt, daß grade diese kindliche Unbefangenheit ihn interessierte, denn von da an beschäftigte er sich sehr viel mit mir; fast jeden Morgen nahm er mich mit, wenn er spazieren ging, und ging ich nicht mit, brachte er mir Blumen mit, da er wohl sehr bald merkte, daß ich an den Steinen, welche er oft betrachtete, kein Interesse hatte, doch sonst mich gern unterrichten ließ; auch gegen Abend saß er oft stundenlang auf einer Bank vor der Türe, wo er mir von sehr verschiedenen Gegenständen erzählte. Als ich da wohl hörte, welch großer Gelehrter er sei, war ich schon viel zu bekannt und vertraut mit ihm, daß es mich hätte einschüchtern oder verlegen machen können; es fiel auch später niemandem und auch meiner Mutter nicht ein, in dem vielen Zusammensein etwas anderes als ein Wohlgefallen eines alten Mannes, welcher mein Großvater hätte sein können nach den Jahren, zu einem Kind, welches ich ja noch war, zu finden. Goethe war ein so freundlicher, liebenswürdiger alter Herr, an welchen sich ein junges Wesen wohl anschließen konnte, besonders, wenn sie ein reges Interesse an allem nahm, was er in so angenehmer Form ihr lebhaft beschrieb: Blumen, Steine, Sterne und Literatur . . .

Noch in diesem Sommer schenkte mir Goethe «Wilhelm Meisters Wanderjahre», es war ihm das Buch als neue Auflage zur Durchsicht nach Marienbad gesandt worden. Als er es mir gegeben und ich darin zu lesen begann, fand ich, daß schon früher etwas sein mußte, da sich manches noch mir Unbekanntes begab, und als ich es Goethe sagte und ihn bat, mir doch das frühere Buch auch zu geben, meinte er, es sei nicht recht für mich, er wolle mir lieber daraus erzählen, damit ich die Wanderjahre recht verstehe. Wie oft habe ich später bedauert, mir diese Erzählung nicht aufgeschrieben zu haben, das würde sicher von viel größerem Interesse sein als viele der Briefe und Zettel, von welchen man jetzt ein solches Wesen macht.

Als unser Kreis von Bekannten sich in Marienbad mehrte, ich auch mehrere junge Mädchen kennen lernte, ist es öfters vorgekommen, daß Goethe uns kleine Spiele angab, wenn schlechtes Wetter am Ausgehen hinderte. Unter meinen besten Bekannten schloß ich mich besonders an eine Kurländerin, Fräulein Fölkersam; sie zeichnete Goethe teils nach ihrer Erinnerung und Bildern von ihm; sie schickte mir dieses Bild, und mein Großvater ließ es mir auf das Buch «Wilhelms Wanderjahre» binden. Goethe hatte selber meinen Namen in das Buch geschrieben.

Im Sommer 1822 waren wir wieder mit Goethe in Marienbad, und dies Mal waren auch meine Schwestern** mit, da auch sie das Erziehungshaus in Straßburg verlassen hatten. Überhaupt war in diesem Jahr der Kreis unserer Bekannten ein viel größerer, mein späterer Stiefvater, Graf Klebelsberg, war auch da; es kam Graf Kaspar Sternberg, welcher schon lange in brieflichem Verkehr mit Goethe stand, ihn aber da erst persönlich kennen lernte und zwar *[Lücke]* meiner Mutter. Goethe war wie im früheren Jahre fast immer mit uns, zu gleicher

** *Amalie (Amélie) v. Levetzow* (1806–1832), Tochter aus erster Ehe, später vermählt mit dem preußischen Generalmajor Leopold v. Rauch, sowie *Bertha Ulrike Helene v. Levetzow* (1808–1884), Tochter aus 2. Ehe, später vermählt mit dem böhmischen Adligen Johann Mladota von Solopisk.

Zeit war ein Doktor Pohl, welcher lange in Brasilien gereist, er war wohl Naturforscher, dann der bekannte Chemiker Berzelius, ich glaube, ein Schwede; von noch einigen anderen Herren, fast nur Gelehrten, habe ich die Namen vergessen; diese Herren führten sehr gelehrte, aber selbst uns so jungen Mädchen interessante Gespräche, und alle waren so freundlich, uns, was wir nicht verstanden, deutlich zu machen; meine jüngste Schwester Berta, die da nur erst 14 Jahre, interessierte sich für die Mineralogie, und die von mir genannten Herren und Goethe stellten ihr eine nette Sammlung von Steinen zusammen, wo sie die meisten Steine lernte und die Namen selber aufgeschrieben auf die Steine befestigte. D. Pohl lieferte dazu noch einige geschliffene Halb-Edelsteine. Berta gab diese Sammlung viele Jahre später unserem Neffen Franz von Rauch, welcher sie zum Teile noch hat. Noch erinnere ich mich, daß die Herren den Versuch machten, böhmische Granaten zu schmelzen, und Berzelius, welcher es hauptsächlich vornahm, erklärte, daß die Granaten die härtesten Edelsteine nach dem Diamant seien. Ein anderes Mal rief Goethe uns zu sich, wo er auf einer langen Tafel alle Steingattungen, welche sich in der Gegend um Marienbad finden, geordnet hatte, er führte mich zu einer Stelle, wo er zwischen den Steinen 1 Pfund Wiener Schokolade gelegt hatte, worauf geschrieben stand:

«Genieß das auf deine eigne Weise,
Wo nicht als Trank, doch als geliebte Speise.

G.»

Ich habe dies Papier D. Jaksch geschenkt, welcher ein so großer Verehrer Goethes ist und der meiner lieben Mutter ihr langjähriger Doktor war. Daß Goethe die Schokolade für mich zwischen die Steine gelegt, war Scherz, weil ich den Steinen kein Interesse abgewinnen konnte.

Auch in diesem Sommer war Goethe sehr freundlich mit mir und zeichnete mich bei jeder Gelegenheit aus; oft sagte er zu meiner Großmutter, wie sehr er wünsche, noch einen Sohn zu haben, denn der müßte dann mein Mann werden, mich würde er ganz nach seinem Sinn ausbilden, er habe eine große und väterliche Liebe für mich.

Goethe schenkte mir wieder ein Buch, welches ihm geschickt wurde, «Aus meinem Leben, 2. Abteilung, 5. Teil. Auch ich in der Champagne.» Er hatte darein geschrieben:

Wie schlimm es einem Freund ergangen,
Davon gibt dieses Buch Bericht.
Nun ist sein tröstendes Verlangen:
Zur guten Zeit vergiß ihn nicht.

Marienbad d. 24. Juli 1822.

Es wurde in dieser Zeit auch von Handschriften gesprochen und Goethe sagte, daß er keine Schrift von Friedrich dem Großen gesehen. Da holte mein Großvater einen Brief des Königs, worin er die Patenstelle bei ihm annahm; da das Papier dieses Briefes ziemlich verbogen und zu zerreißen drohte, sagte Goethe, er wolle es wieder glätten und in

Ordnung bringen; da er es aber bei seiner Abreise meinem Großvater nicht zurückgestellt, glaubte dieser, er würde den Brief wohl nicht wieder zurück erhalten; doch Goethe sandte ihn schon von Eger, wo er sich bei einem Bekannten von ihm schon öfter aufgehalten, meinem Großvater zurück. Goethe hatte den Brief auf Papier aufgezogen und auf der anderen Seite dazu geschrieben:

Das Blatt wo seine Hand geruht,
Die einst der Welt geboten,
Ist herzustellen fromm und gut,
Preis ihm, dem großen Toten.

Den Sommer 1822 waren sehr viele Menschen in Marienbad, und fast alle bemühten sich, Goethe kennen zu lernen, und da er oft nicht aufgelegt war, neue Bekanntschaften zu machen, geschah es öfter, daß ich gebeten wurde, es zu vermitteln, auch schlug er es mir nie ab.

Hier verläßt mich nun mein Gedächtnis, denn ich erinnere mich nicht recht, ob in diesem Jahre oder erst im darauffolgenden der Großherzog von Weimar, welcher ja so befreundet mit Goethe war, auch nach Marienbad kam; doch daß er in unserm Hause wohnte, das weiß ich, wie auch, daß das Haus noch nicht den Namen «Stadt Weimar» erhalten hatte. Ich sagte schon, daß der Großherzog sehr befreundet mit meinen Großeltern und meiner Mutter war, auch uns hatte er schon als Kinder öfters gesehen; er war mit uns allen sehr freundlich und gnädig, und er war es, welcher meinen Eltern und auch mir sagte, daß ich

Goethe heiraten möchte; erst nahmen wir es für Scherz und meinten, daß Goethe sicher nicht daran denke, was er widersprach, und oft wiederholte, ja selbst mir es von der lockendsten Seite schilderte, wie ich die erste Dame am Hof und in Weimar sein würde, wie sehr er, der Fürst, mich auszeichnen wolle, er würde meinen Eltern gleich ein Haus in Weimar einrichten und übergeben, damit sie nicht von mir getrennt lebten, für meine Zukunft wolle er in jeder Weise sorgen; meiner Mutter redete er sehr zu, und später hörte ich, daß er ihr versprochen, daß, da nach aller Wahrscheinlichkeit ich Goethe überleben würde, er mir nach dessen Tod eine jährliche *pension* von 10 000 Talern aussetzen wolle. Meine Mutter hatte sich aber fest vorgenommen, keine ihrer Töchter zu einer Heirat zu überreden und zu bestimmen, doch sprach sie darüber mit mir und frug mich, ob ich mich wohl dazu geneigt fühle, worauf ich erwiderte: ob sie es wünsche, daß ich es tue; ihre Antwort war: «Nein, mein Kind, du bist noch zu jung, um daß ich dich schon jetzt verheiratet sehen möchte; doch ist der Antrag so ehrenvoll, daß ich auch nicht, ohne dich darüber zu fragen, ihn abweisen kann; du mußt es dir überlegen, ob du in einer solchen Lage den Goethe heiraten kannst.» Ich meinte, ich brauche keine Zeit, zu überlegen, ich hätte Goethe sehr lieb, so wie einen Vater, und wenn er ganz allein stünde, ich daher glauben dürfte, ihm nützlich zu sein, da wollte ich ihn nehmen; er habe aber durch seinen Sohn, welcher verheiratet sei und welcher bei ihm im Haus lebt, eine Familie, welche ich ja verdrängen würde, wenn ich mich an ihre Stelle setzte; er brauche mich nicht, und die Trennung von Mutter, Schwestern und Großeltern würde mir gar zu schwer; ich hätte noch gar keine Lust, zu heiraten. So war es abgemacht. Goethe selbst sprach nie darüber, weder mit meiner Mutter noch mit mir, wenn er mich auch seinen Liebling nannte, doch meist sein liebes Töchterchen.

Im Jahre 1823 waren wir nur kurze Zeit mit ihm in Marienbad zusammen, da meine Mutter Karlsbad brauchen mußte, wohin Goethe aber auf einige Tage kam, mit uns im selben Haus wohnte und immer mit uns war, mit uns frühstückte und speiste, uns des Abends abwechselnd vorlesen ließ, wozu meine Schwester Amelie sich nie entschließen wollte und sich sehr viel mit ihm neckte, da sie sehr lebhaft war. In Karlsbad war er auch an seinem Geburtstag mit uns, und da meine Mutter merkte, daß er nicht wissen lassen wollte, daß es sein Geburtstag, so verbot sie auch uns, es zu erwähnen. Goethe sagte den Tag vorher, er wünsche sehr, daß wir mit ihm recht früh nach Elbogen fahren möchten und daß wir diesen Tag seine Gäste seien, wie er die ganze Zeit unser Gast gewesen. Mutter nahm es an, setzte für diesen Tag ihre Küche aus, und als Goethe um 7 Uhr früh zum Frühstück herunter kam, stand eine hübsche Tasse, auf welcher ein Efeukranz, an seinem Platz; nachdem er sie eine Weile betrachtet, wandte er sich zu meiner Mutter: «Warum die schöne Tasse?» – «Damit Sie an unsere Freundschaft erinnert werden. Efeu ist ja deren Sinnbild.» Goethe reichte der Mutter die Hand: «Wie hübsch, es soll mir ein liebes Andenken sein.» Bald fuhren wir fort und Goethe war die ganze Zeit sehr heiter, erzählte uns viele heitere Erlebnisse, besonders von seinen öfteren Aufenthalten in Karlsbad; auch in Elbogen zeigte er uns alle Merkwürdigkeiten. So kam die Essensstunde, er hatte seinen Kammerdiener schon früher nach Elbogen geschickt, damit er alle Vorbereitungen treffe. Mutter aber hatte einen schönen Kuchen, einen echten Geburtstagskuchen, und 2 Flaschen alten Rheinwein, welchen Goethe besonders liebte, mitgenommen, welche an dem Tisch standen und Goethe gleich bemerkte: «Welch schöner geschenkter Kuchen!» Nun erwiderte die Mutter: «Ich muß doch auch etwas zu dem Diner beitragen, und da wählte ich Bisquit und einen Wein, welches Sie ja lieben.» – «Meine aufmerksame kleine Freundin! Aber welch schönes Glas seh ich wieder hier mit Ihrem und der lieben Kinder Namen!» Wieder sagte Mutter: «Wir wollen über allem nicht vergessen sein und Sie sollen sich unser und auch des heutigen schönen Beisammenseins erinnern und immer daran denken.» Goethe lächelte, dankte und blieb fort heiter. Zu Ende der Mahlzeit brachte sein Kammerdiener ihm einen ganzen Pack Briefe und Schriften, welche er zum Teil las, dabei öfters sagte: «Die lieben Menschen sind sehr freundlich und lieb», wohl erwartend, daß wir fragen würden, was aber nicht geschah. So fuhren wir in heiterer Laune nach Karlsbad zurück; schon von weitem sahen wir vor dem Haus auf der Wiese viele Menschen und daß Musik uns erwartete. Gleich als wir ausstiegen, wurde Goethe umringt. Mutter winkte uns, sagte Goethe gute Nacht und ging mit uns hinauf. Da es schon spät, sahen wir Goethe erst am andern Morgen wieder, wo seine erste Frage war: «Nicht wahr, Sie wußten, daß gestern mein Geburtstag?» Mutter sagte: «Wie sollte ich nicht? Da hätten Sie es nicht drucken lassen müssen!» Lachend schlug er sich vor den Kopf und meinte: «So wollen wir es den Tag des öffentlichen Geheimnisses nennen», und so erwähnte er es auch später in seinen Briefen.

Ich kann nur wiederholen, was ich schon oft gesagt: es war eine schöne Zeit, welche wir mit dem so liebenswürdigen Mann verlebt haben, und die Briefe, welche er noch lange Jahre mit meiner Mutter wechselte, zeigten, daß er sie auch nicht vergessen. Sehr viel hat Goethe zu meiner und meiner Schwestern Belehrung und Bildung beigetragen, da er über so viele Gegenstände mit uns gesprochen und auch meiner Mutter manchen Wink und Rat gegeben.

Gleich nach seinem Tod schrieb der Minister von Müller an meine Mutter und sandte ihr die Elegie, welche, wie man ja sagt, seiner Liebe zu mir ihre Entstehung dankt und die damals noch nicht gedruckt war, und schrieb meiner Mutter, ob sie nicht die Briefe, welche, wie er wisse, sie von Goethe habe, ihm senden wolle, damit sie mit veröffentlicht würden. Mutter wollte aber erst wissen, ob unter dem Nachlaß sich ihre Briefe an Goethe gefunden, das war nicht der Fall; denn wie H. von Müller schrieb, hätten sich in einem Fach des Schreibtisches nur einige kleine Arbeiten, dann Tasse und Glas mit unseren Namen, alles mit einem roten Band zusammengebunden, gefunden; da wollte denn Mutter die Briefe auch nicht veröffentlicht haben und gab sie nicht her, so wie ich auch nicht.

Ich könnte wohl noch viel von der Zeit erzählen, doch ich denke, das genügt, um all das Fabelhafte, was darüber gedruckt, zu widerlegen – denn: keine Liebschaft war es nicht.

Kleine Chronik einer großen Liebe

Aus Goethes Tagebüchern und zeitgenössischen Zeugnissen

1810

Friedrich Wilhelm Riemer an
Friedrich Johannes Frommann, Teplitz, 12. August

Nun sind wir hier, wohnen im Goldnen Schiff (...) Die schöne Frau von Levetzow ist hier, aber sehr zusammengegangen.

1821

Carl Friedrich Anton von Conta an
seine Frau Friederike, Marienbad, 2. August

Goethe ist sehr heiter und ungewöhnlich umgänglich. Er ißt zu Mittag bei seiner Hauswirtin, Frau von Brösigke, in großer Gesellschaft, steht vor der Türe, wenn es hübsches Wetter ist, und unterhält sich mit den Hausgenossen und Vorübergehenden; geht mit Damen, namentlich mit der Gräfin Strachwitz, spazieren, und des Abends findet er sich wieder im Brösigkischen oder vielmehr gräflich Klebelsbergischen Gesellschaftssaale ein (denn man weiß nicht recht, gehört das Haus dem Grafen Klebelsberg oder dem Herrn von Brösigke). Gestern abend war ich auch wieder dort. Die Gesellschaft war kleiner und gesetzter, und es wurde bloß konversiert. Sie bestand aus Herrn und Frau von Brösigke, Herrn und Frau Gräfin Klebelsberg aus Prag, Frau von Levetzow nebst Tochter [Ulrike], unserem Goethe, auf kurze Zeit auch der Frau von Heygendorf, dem Fürsten

Thurn und Taxis, der Gräfin Beust und ihrem Bruder, der Gräfin Strachwitz, einem Grafen Berchem, Herrn von Logau, dem Baron von Münster.

Carl Friedrich Anton von Conta an seine Frau Friederike, Marienbad, 5. August

Gestern abend war bei Brösigkes eine sehr brillante Fete, wo der größte Teil der hiesigen vornehmen Welt versammelt war. Es war Ball und Souper, selbst Goethe tanzte.

Goethe an Großherzog Carl August, Marienbad, 16. August

Von der emsigen Förderung hiesiger Baulichkeiten gibt das Haus, worin ich wohne, das beste Zeugnis. Vor fünfzehn Monaten war das Mauerwerk noch nicht vollendet und in dieser Zeit ist das Dach nicht nur aufgesetzt, sondern auch unter dessen Schutz und Schirm das ganze Gebäude völlig angenehm wohnbar eingerichtet, so daß nach vollendeter Kurzeit nur noch wenig zu tun übrig bleibt.

Kaum hatten Maurer und Zimmermann ihr Tagewerk geleistet, als ein geschickter Tischler mit vielen Gesellen eintrat und das Haus im Hause fertig machte; wodurch denn in dieser Wüstenei erreicht ward, daß alles gut und erfreulich paßt. Türen und Fußboden sind nett, auch grüne Schaltern an der ganzen gegen Mittag gelegenen Seite vorsorglich angepaßt.

Was aber eigentlich Bewunderung erregt, sind die Möbels, alle von Nußbaum, die auf einen großen

Vorrat dieses Holzes hindeuten. Verständig und klug wurden die verschiedensten Zufälligkeiten der Fourniere [benutzt], und man glaubt bei jedem Möbel ein neues Holz zu sehen. Das Gebäude selbst, groß und ansehnlich, hat dreizehn Fenster in der Fronte, ein gewölbtes Untergeschoß, darauf das mittlere und obere Stockwerk; stattliche Zimmerhöhe, gute Maße, anständige Einrichtung; aber auch verhältnismäßig teuer vermietet, so daß es für die Badezeit eine bedeutende Summe einbringen muß.

Das Ganze ist, wie sich wohl bemerken läßt, auf Graf Klebelsbergs Kasse und Kredit unternommen; v. Brösigke macht, wo nicht den Baumeister, doch den ausführenden Inspektor, dessen Gattin nimmt sich des Hauswesens an und blieb den ganzen Winter hier, um die Wohnbarkeit zu beschleunigen, die Tochter, Frau von Levetzow, die ihre Anmut, durch manche Jahre und Schicksale durch, noch ganz hübsch gerettet hat, scheint auch ihren Wohnsitz hier aufzuschlagen; man spricht von einer Heirat mit dem Grafen, und was dergleichen mehr sein mag. Genug, im Ganzen ist es die eigenste Familien-Verkettung, welche übrigens dieser Anstalt glücklichen Fortgang verspricht, da sich viel Plan und Folge bemerken läßt.

Soll ich übrigens noch der nächsten Zimmerumgebung erwähnen, so würde ich der völlig ausgetrockneten Wände, der außerordentlich glatt und sauber aufgezogenen heitern Wiener Papiertapeten gedenken und eines Staffiermalers, welcher Hohlkehlen und Decken so glücklich stufenweise zu färben und leichte Stukkatur zu lügen weiß, als ich nicht viel gesehen.

Wollte es aber schwach und kleinlich erscheinen, daß ich solcher scheinbaren Nebendinge mit umständlicher Gefälligkeit gedenke, so gestehe gern, daß es aus Dankbarkeit geschieht, denn indem die Witterung wiederholt so schlimm ist, daß man aus dem Hause nicht gehen kann und zum Fenster nicht hinaussehen mag, so ist der Einblick auf zierliche Zimmer höchst tröstlich.

Sodann aber habe von unserm Hause so weitläufig gesprochen, weil dadurch die Geschichte aller hiesigen Gebäude umfassen könnte. Mehr oder weniger wohlhabende Personen, angezogen durch den Ruf des hiesigen Wassers, ließen sich in den Strudel des Umschwungs hinreißen, welcher gläubige hoffende Kranke herzieht; die haben eigenes und fremdes Kapital zu Gebäuden verwandelt, mit Aussicht, die Interessen gewiß und zunächst auch den Hauptstock, wenn sich die Anstalt zehn bis zwanzig Jahre erhält, herauszuziehen.

Zwar gehört noch immer darzu, daß in den Kur-Monaten persönliche Tätigkeit und Gastwirtsgeschick obwalte. Diese Mühe wird noch vermehrt, da bei hiesiger Lage und Örtlichkeit mehre Hausbesitzer sich entschließen mußten, ihren Hausgenossen Frühstück, Tafel, Wein und alles Nötige zu reichen, dadurch gleicht manches Gebäude einer Insel, und für den zeitigen Bewohner ist es sehr angenehm, seine Bedürfnisse unmittelbar unter Einem Dach zu finden; desto schätzbarer, als die weit aus einander liegenden Häuser durch kein Straßenpflaster verbunden sind, auch hierum. Der Tisch ist vortrefflich, der Wein gut, auch ist Abends zum Tee immer eine große Gesellschaft da.

Goethe an August von Goethe,
Marienbad, 22. August

Wetter und Weg haben mich diese drei Wochen her so lahm gemacht, daß ich an eine weitere Reise nicht denken mag. Überhaupt habe ich in dieser Außenwelt viel und gar nichts zu tun. Grüße Frau und Kinder, auch Ulriken [von Pogwisch], wenn sie gegenwärtig ist. Zufälligerweise findet sich eine recht artige Ulrike hier im Hause, so daß ich auf eine und die andere Weise immer ihrer zu gedenken habe.

Goethe, Tagebuch, 25. August

Abschied von der Familie und den Hausgenossen.

Goethe an August von Goethe, Eger, 26. August

Mir ist es wohl gegangen; es war in unserm Hause [in Marienbad] keineswegs so einförmig, wie sie sich [Ottilie] es denken mag. (...) Von der neuen Ulrike ward mit einigem Bedauern geschieden; ich hoffe, daß mich die erste desto zärtlicher empfangen soll.

1822

Ignaz Kopfenberger an Franz Anton
Graf von Kolowrat, Marienbad, 30. Juni

Auf seinen Spaziergängen mineralogisiert Goethe fleißig und unermüdet, zu welchem Ende er jederzeit mit einem Hammer versehen ist. – Die Abende bringt derselbe größtenteils in Gesellschaft der Familie Levetzow zu, und er scheint vorzüglich an der Seite des ältesten Fräuleins, Ulrike von Levetzow, die ihn entweder mit Gesang oder einigen scherzhaften Gesprächen unterhält, wenigstens für einige Augenblicke die Unbilden zu vergessen, welche er durch die verunglückte Heirat seiner ehemaligen, unter dem Namen Madame Vulpius bekannten Wirtschafterin zu dulden hat.

Goethe, Tagebuch, 3. Juli

Mit den Kindern auf der Terrasse.

Goethe an Carl Friedrich Zelter, Eger, 8. August

Nun zum Nächstvergangenen! – Am 19. Juni gelangte ich nach Marienbad, bei sehr schönem Wetter. Herrlich Quartier, freundliche Wirte, gute Gesellschaft, hübsche Mädchen, musikalische Liebhaber, angenehme Abend-Unterhaltung, köstliches Essen, neue bedeutende Bekanntschaften, alte wiedergefundne, leichte Atmosphäre, zweitausend Pariser Fuß über der Meeresfläche, Stifts-Gelage pp alles trug bei, das drei Wochen dauernde schöne Wetter vollkommen zu benutzen, zu genießen und das folgende, unfreundlich-wechselnde zu übertragen.

1823

Goethe an Ulrike von Levetzow, Weimar, 9. Januar

Ihr holder Brief, meine Teure, hat mir das größte Vergnügen gewährt, und zwar doppelt wegen eines besonderen Umstands. Denn wenn auch der liebende Papa seiner treuen schönen Tochter immer gedenkt, so war doch seit einiger Zeit Ihre willkommne Gestalt lebendiger und klarer vor dem innern Sinne als je. Nun aber entwickelt sich's! Es sind gerade die Tage und Stunden, da Sie mein auch in einem höheren Grade gedachten und Neigung fühlten es aus der Ferne auszusprechen

Dreifachen Dank also, meine Liebe, zugleich die besten Wünsche und Grüße der guten Mutter, deren ich, als eines glänzenden Sterns meines früheren Horizonts, gar gern gedenke. Der treffliche Arzt der sie völlig herstellt soll auch mir ein verehrter Aesculap sein.

Und so bleiben Sie überzeugt daß meine schönste Hoffnung fürs ganze Jahr sei in den heitern Familien-Kreis wieder hinein zu treten und alle Glieder so wohlwollend-freundlich gesinnt zu finden als da ich Abschied nahm, und ein würdiger, neuerworbener Freund das unwillkommne Scheidegefühl, durch teilnehmendes Geleit, einigermaßen zu beschwichtigen suchte.

Vergessen darf ich hierbei nicht der süßen Nachkost, die mir in der Entfernung durch ihn zu Teil ward, die ich aber mit niemanden teilte. Und also meine Liebste nehm ich Ihre töchterlichen Gesinnun-

gen auch für die nächste Zeit in Anspruch. Möge mir an Ihrer Seite jenes Gebirgstal mit seinen Quellen so heilbringend werden und bleiben als ich wünsche Sie froh und glücklich wieder zu finden.
treu anhänglich J. W. v. Goethe

Goethe, Tagebuch, 11. Juli

War Frau von Levetzow und Töchter angekommen.

Goethe, Tagebuch, 18. Juli

Abends zur Gesellschaft ... Frau von Levetzow erzählte die Abenteuer vor und nach der Leipziger Schlacht.

Goethe, Tagebuch, 26. Juli

Die Frauenzimmer tanzten nach dem Flügel, den Graf Klebelsberg schlug.

Goethe, Tagebuch, 30. Juli

Abends auf dem Ball.

Goethe, Tagebuch, 1. August

Mit den Schwestern spazieren gegen die Mühle.

Goethe an Ottilie von Goethe,
Marienbad, 4. August

Ich gelangte erst um Mitternacht nach Hause, woraus du erraten wirst, daß außer Tanz, Tee, Abendessen und Champagner, wovon ich nichts mitgenoß, sich noch ein Fünftes müsse eingemischt haben, welches auf mich seine Wirkung nicht verfehlte. Der

Tanz war anmutig und wohlbelebt; prächtige, zierliche, niedliche Tänzerinnen mehrerer Nationen taten sich hervor …

Ich habe nicht Lust zunächst von hier wegzugehen; schöne Wohnung, die beste Nachbarschaft und seit einiger Zeit das herrliche Wetter. Von meinem Befinden will ich nichts sagen; aus Vorstehendem erhellt, daß meine Gebrechen mich wenigstens nicht hindern, vergnügt, ja beinahe glücklich zu sein. Grüße Ulriken, deren Name als vorzüglichstes Ingredienz dieser Zustände sich täglich beweist.

Goethe, Tagebuch, 5. August

Zur Familie. Die Kinder hatten einen großen Bergspaziergang gemacht. (…) Mit den Schwestern auf den Waldsitz. Über den Kreuzbrunnen nach Hause.

Goethe, Tagebuch, 5. August

Nicht getrunken. Der Mann von 50 Jahren.

Goethe, Tagebuch, 7. August

Auf der Terrasse. Viel hin- und hergegangen. Vorher bei dem Großherzog. Die Verlobung aus dem Stegreife besprochen. (…) Spät zur Gesellschaft. Sodann bei Tische. Fräulein Meyer ward als Rehbeins Braut vorgestellt und des Paares Gesundheit getrunken. Bekam mir nicht. Schlimme Nacht.

Goethe, Tagebuch, 8. August

Abends zu Hause. Befand mich nicht wohl, schlimme Nacht.

Goethe, Tagebuch, 9. August

Dr. Heidler. Über meine Zustände gesprochen und sehr verständige Anordnungen gemerkt.

Goethe, Tagebuch, 10. August

Zeitig aufgestanden. Gutes Befinden. (...) Diktiert am Mann von 50 Jahren.

Goethe, Tagebuch, 11. August

Dr. Heidler. Manches verständig verordnend, Befolgung desselben.

Goethe, Tagebuch, 12. August

Den Schwestern begegnet. Lustige Einholung des heranfahrenden Wagens. Auf der Terrasse Augenblick und im Zimmer.

Caroline von Humboldt an ihren Mann Wilhelm, Karlsbad, 12. August

Man spricht hier viel von zwei Fräulein von Levetzow, ohne die man Goethen selten oder nie in Marienbad zu sehen bekäme. Sie hängen immer an seinen Armen. Man sagte vorige Woche sogar, er hätte die älteste geheiratet. Doch hoffe ich, sind solche Ideen dem dreiundsiebzigjährigen Goethe fremd.

Goethe, Tagebuch, 13. August

Dr. Heidler, das Nächste verordnet. (...) Scherz mit Fräulein Meyer.

Goethe, Tagebuch, 14. August

Abends auf der Terrasse. Sodann im Zimmer. (...) Es wurde gehupft und galoppiert wie immer. Die Gräfin spielte.

Goethe an Ottilie von Goethe,
Marienbad, 14. August

... es ist recht lustig, wenn die Enkel über des Großvaters Torheiten erstaunen und sie sich als wichtige Begebenheiten einprägen. Soviel für diesmal; was noch zu sagen wäre, muß auf eine mündliche, vielleicht wieder einmal mitternächtige Unterhaltung aufgespart werden.

Und doch, um keine leere Seite zu lassen, einige Fallsterne, wie sie in schöner klarer Nacht vorüber streifen. (...)

Du hattest längst mir's angetan,
Doch jetzt gewahr ich neues Leben:
Ein süßer Mund blickt uns gar freundlich an,
Wenn er uns einen Kuß gegeben.

Goethe, Tagebuch, 15. August

Zu Doktor Heidler, wo Madame Milder unvergleichlich sang und uns alle zum Weinen brachte. (...) Die Tepler Straße herunter. Fand die sämtlichen Damen. Die Mamas fuhren auf die Terrasse. Ich ging mit den Töchtern hinauf.

Goethe, Tagebuch, 16. August

Um 4 Uhr bei Madame Szymanowska, welche köstlich spielte. (...) Die Frauenzimmer waren nicht abgereist, Mancherlei Wunderlichkeiten und Scherze wegen Mißverständnissen und Verirrung. Abends bei Tische, alles ward ausgeglichen.

Ulrike von Levetzow, Marienbad, vor 17. August

Eine drollige Geschichte berichtete Ulrike [von Levetzow] von einem Gedicht, das Goethe auf sie gemacht. «Als mir Goethe einmal sagte, er hätte auch etwas aufgeschrieben, was von seinen Beziehungen zu mir handelte, und ob ich es nicht lesen wollte, sagte ich: ‹Nein, lesen will ich es nicht, ich höre Sie lieber erzählen.› – ‹Daran erkenne ich mein Töchterchen›, sagte Goethe.» Vermutlich hat er dies im Sommer 1823 zu ihr gesagt und die «Äolsharfen» gemeint. (...)

«Goethe erfreute sich», so plauderte sie fort, «mit mir und unserem Kreise junger Mädchen zu verkehren. Er lehrte uns Gesellschaftsspiele. Eines Tages saßen wir wieder beisammen, und Goethe schlug folgendes Spiel vor: Ein Mitglied der Gesellschaft muß ein Thema anschlagen und darüber reden. Der Nachbar fährt fort; aber ein anderer hat das Recht, ein Wort einzuwerfen, das in die Erzählung verwoben werden muß, und so geht das Spiel weiter. Ich begann nun von einer schönen Gegend zu reden und spann das Thema aus. Das Spiel ging im Kreise herum, und als ich wieder drankam, warf Goethe das Wort ‹Strumpfband› ein. Ich wurde rot und wußte nicht, was ich sagen sollte. Da lachte Goethe und half mir aus der Verlegenheit, indem er selbst die Erzählung fortsetzte, und zwar ging er sogleich auf den Strumpfband-Orden über.»

Goethe, Tagebuch, 17. August
Die Familie bereitete sich zur Reise. Man versammelte sich bei Frühstück und machte vor dem Abschied Plane, sich wieder zu sehen. Deshalb man denn auch fröhlich auseinander ging.

Goethe an Ottilie von Goethe,
Marienbad, 18./19. August
Dein Schreiben, allerliebste Tochter, kam wie aus einer andern Welt in dieses extemporierte Tags-Interesse, wo im Wirbel der verschiedensten Elemente sich ein gewisses Irrsal bewegt, das die Übel vermehrt, von welchen man sich befreien möchte. Denke nun zwischen durch vieles Würdige, das man erst erkennt, wenn es vorüber ist; so begreifst du das Bittersüße des Kelchs, den ich bis auf die Neige getrunken und ausgeschlürft habe. (...)

Verzeihung! – aber das Zusammensein so guter verständiger und geistreicher Menschen, als wir sind, war mitunter so stockend als möglich, zu meiner Verzweiflung; es fehlte ein Drittes oder Viertes, um den Kreis abzuschließen. (...)

Und so sag ich nunmehr, meine Liebe, die letzten Worte in Marienbad. Wenn dieses Blatt mit etwas tristen Betrachtungen anfing, so kann ich nun dagegen mit recht heitern Empfindungen schließen. Alles ist mir über Wissen und Wollen gut gelungen, befriedigend für Herz, Geist und Sinn, wie man sonst zu reden pflegt.

Madame Milder hab ich singen hören, im engen Kreise, kleine Lieder, die sie groß zu machen verstand; es ist auch gut, daß man dergleichen Musterstücke nur unerwartet vernimmt. Madame Szymanowska, ein weiblicher Hummel mit der leichten polnischen Fazilität, hat mir diese letzten Tage höchst erfreulich gemacht; hinter der polnischen Liebenswürdigkeit stand das größte Talent gleichsam nur als Folie oder, wenn du willst, umgekehrt. Das Talent würde einen erdrücken, wenn es ihre Anmut nicht verzeihlich machte.

So geh ich nun von Marienbad weg, das ich eigentlich ganz leer lasse; nur diese zierliche Tonallmächtige und den Grafen St. Leu noch hier wissend. Alles andere, was mich leben machte, ist geschieden, die Hoffnung eines nahen Wiedersehens zweifelhaft. (...)

Auch in diesem alten Irdischen, so wie im neusten Himmlischen, hab ich köstliche Erfahrungen gemacht; schöne Zusammenstellungen sind mir geworden, woran mir ganz alleine leid tut, daß ich dir davon nichts mitteilen kann. Hast du aber Geduld, so wird bei stiller Winternacht eine gewisse Vertraulichkeit nicht ausbleiben, die doch immer den Vorteil hat, daß der Vertrauende in einen Bezug zu der Vertrauten kommt, der ich weiß nicht was für Eigenheiten mit sich bringt. Möge das alles werden, wie ich's denke und wünsche.

Goethe, Tagebuch, 19. August

Konsultation mit Dr. Heidler. (...) Abends geschröpft. Mit Dr. Heidler manches besprochen. Das Vergangene bedacht. Das Nächste überlegt.

Goethe, Tagebuch, 20. August

Ruhige Nacht. Konziliante Träume. (...) Dr. Heidler. (...) Abgefahren gegen Drei.

Goethe an Ulrike von Levetzow,
Eger, 21. August

Dieser Sendung wird die allerliebste Ulrike wohl ein heitres Gesichtchen zuwenden das Ihr so wohl steht. Die Klaviernoten sind vom Großpapa, die Stimmen vom wohlbekannten Freunde, da sie vielleicht gelegentlich angenehm sein könnten. Wie befindet sich die liebe Mutter? mit ihren schönen Kindern? Tausend Grüße, Wünsche und dergleichen.

treulich wie immer, diesmal ungeduldig Goethe.

Goethe an Carl Friedrich Zelter,
Eger, 24. August

Soviel also zuerst: daß ich die kurzvergangene Zeit in Marienbad ohne Unbilden, ja heiter und wie in's Leben zurückkehrend zugebracht habe, auch mich jetzt so wohl befinde, als ich mich lange Zeit nicht gefühlt.

Ferner sei gemeldet, daß mir nach jenem Kuß, dessen Spenderin du wohl erraten hast, noch eine herrliche Gunst und Gabe von Berlin gekommen; Madame Milder nämlich zu hören, vier kleine Lieder, die sie dergestalt groß zu machen wußte, daß die Erinnerung dran mir noch Tränen auspreßt. Und so ist denn das Lob, das ich ihr seit so manchem Jahr erteilen höre, nicht ein kaltes geschichtliches Wort mehr, sondern weckt ein wahrhaft Vernommenes bis zur tiefsten Rührung. Grüße sie zum schönsten; sie verlangte etwas von meiner Hand und erhält durch dich das erste Blättchen, das ihrer nicht ganz unwert ist.

In völlig anderem Sinne und doch für mich von gleicher Wirkung hört ich Madame Szymanowska, eine unglaubliche Pianospielerin; sie darf wohl neben unsern Hummel gesetzt werden, nur daß sie eine schöne, liebenswürdige, polnische Frau ist. Wenn Hummel aufhört, so steht gleichsam ein Gnome da, der mit Hülfe bedeutender Dämonen solche Wunder verrichtete, für die man ihm kaum zu danken sich getraut; hört sie aber auf und kommt und sieht einen an, so weiß man nicht, ob man sich nicht glücklich nennen soll, daß sie aufgehört hat? Begegne ihr freundlich, wenn sie nach Berlin kommt, welches wohl nächstens geschehen wird, grüße sie von mir und sei ihr behülflich, wo du es angewendet findest. (...)

Auch ist es trostlos, von politischen Dingen, wohin man auch horcht, zu vernehmen. Mich von allen solchen, wie von ästhetischen Gesprächen und Vorlesungen zu befreien, hatte ich mich auf sechs Wochen einem sehr hübschen Kinde in Dienst gegeben, da ich denn vor allen äußern Unbilden völlig gesichert war.

Nun aber doch das eigentlich Wunderbarste! Die ungeheure Gewalt der Musik auf mich in diesen Tagen! Die Stimme der Milder, das Klangreiche der Szymanowska, ja sogar die öffentlichen musikalischen Exhibitionen des hiesigen Jägercorps falten mich aus einander, wie man eine geballte Faust freundlich flach läßt. Zu einiger Erklärung sage ich mir: du hast seit zwei Jahren und länger gar keine Musik gehört (außer Hummeln zweimal), und so hat sich dieses Organ, insofern es in dir ist, zugeschlossen und abgesondert; nun fällt die Himmlische auf einmal über dich her, durch Vermittlung großer Talente, und übt ihre ganze Gewalt über dich aus, tritt in alle ihre Rechte und weckt die Gesamtheit eingeschlummerter Erinnerungen. Ich bin völlig überzeugt, daß ich im ersten Takte deiner Singakademie den Saal verlassen müßte.

Goethe, Tagebuch, 25. August

Gegen 4 Uhr in Karlsbad. (...) Meldung bei Frau von Levetzow. Über ihr im 2. Stock vom goldenen Strauß eingezogen. Schönes Quartier, schöne Aussicht. (...) Abends vor der Türe, bei'm Tee. (...) Nachts mit der Familie. Der abnehmende Mond ging sehr klar über dem Dreikreuzberg auf.

Goethe, Tagebuch, 26. August

Mit der Familie gefrühstückt. Sodann für mich bis halb 2 Uhr. Nachher Almanache und andere kleine Kupfer mit Ulriken.

Goethe, Tagebuch, 27. August

... einen Tanztee im Sächsischen Saal ... Die guten Tänzerinnen und Tänzer, deren nicht viel waren, kamen nicht vom Platze. (...) Zu der Schlußpolonaise forderte mich eine polnische Dame zum Tanz auf, den ich mit ihr herumschlich und mir nach und nach bei'm Damenwechsel die meisten hübschen Kinder in die Hand kamen. (...) Bei'm Abendessen noch lange zusammen.

Goethe, Tagebuch, 28. August

Man eilte, um 7 Uhr fortfahren zu können. Gegen 9 Uhr kamen wir in Elbogen an. (...) Im weißen Roß eingekehrt ... Großer Spaziergang erst am rechten Ufer der Eger, durch die neuen Felsengänge. Bertha mit dem Gestein beschäftigt. Glasbecher mit den drei Namen und dem Datum. Die Marienbader Geschichte rekapituliert ... (...) Nach 6 Uhr abgefahren ... (...) Glücklich zurückgekehrt bei einbrechender Nacht.

Goethe, Tagebuch, 29. August

Mittag zusammen. (...) Gegen Abend gingen wir aus. (...) Auf den Choteckischen Weg hin und wieder. (...) Auf dem Mariannensitze lange verweilt, es gab mancherlei gute, unterrichtende Gespräche. Bei der Rückkehr noch eine Zeitlang auf der Wiese. (...) Bei Tische Wirkung von meiner Krankheit in Dresden und auf die Familie. Sonstiges Vertrauen. (...) Unter uns Geschichten der Marienbader Verhältnisse.

Goethe, Tagebuch, 30. August

Bei'm Frühstück. (...) Zum Frühstück mancherlei Abenteuer rekapituliert. (...) Zu Tische. (...) Um 4 Uhr ausgefahren auf Engelhaus. (...) Das alte Schloß bestiegen. Wunderliche Abenteuer. Großes Gelächter. (...) Fortgesetzte Lustigkeit. Auf dem Straßen-Hause späten Kaffee. Anlässe zu Spaß und Spott. Bei dem herrlichsten Wetter nach Hause. Karlsbad mit Zimmerlichtern und Straßenlaternen. Heitere Verwechslung der Sterne. Um 9 Uhr angelangt. Neue Projekte. Man blieb noch lange beisammen.

Goethe, Tagebuch, 31. August

Zum Frühstück. (...) Abends in der Komödie. (...) Nachher auf die Wiese spazieren. Nachts zusammen. Die jüngern zeitig zu Bette. Blieb mit Frau von Levetzow und Ulriken in vielfachen Erinnerungen.

Caroline von Humboldt an ihren Mann Wilhelm, Marienbad, 31. August

Von Goethe höre ich gestern, daß er es in Eger nicht hat aushalten können, sondern nach Karlsbad gegangen ist, wo das Fräulein mit ihrer Mutter ist, welches er anbetet. Sie heißt Levetzow. Es ist dies eine kuriose Geschichte, die der ganzen Familie und ihres Zusammenhangs. Genug, die Großeltern des Fräuleins, Herr und Frau von Brösigke, aus Preußen gebürtig, haben hier das größte Haus gebaut, wohnen im Sommer immer hier, und Frau von Brösigke hat Bekanntinnen, die in ihrem Hause wohnen, erzählt, Goethe habe ihrer Enkelin seine Hand angetragen und ihr gesagt, sie würde auch in seiner Familie von seinem Sohn und Schwiegertochter sehr geehrt und auf Händen getragen werden. Vom Großherzog aber würde sie als seine Witwe 2000 Taler Pension jährlich haben. Das Fräulein aber, sagt die Großmama, könne sich nicht zu einer im Alter so sehr ungleichen Heirat verstehen.

Goethe, Tagebuch, 1. September

Gefrühstückt auf der Wiese. (...) Zusammen zu Tische. Frau von Levetzow und Ulriken zum Schilde begleitet, die eine kranke Engländerin Edgeworth besuchten und wegen einer Kammerjungfer verhandelten. (...) Ich ging indessen mit Amelie und Bertha erst auf der Brücke, dann auf der Wiese auf und ab. Der Ersteren lustige Ungeduld. Es war spät geworden; man blieb auf der Wiese. (...) Abends las Bertha ... Könnte durch Unterricht leicht zur Vollkommenheit gelangen. Kleines dramatisches Fest zum Empfang des Grafen Klebelsberg in Trziblitz. Anmutige Erzählung. Allgemeine Müdigkeit. Früh aus einander.

Goethe, Tagebuch, 2. September

Pferde zum Spazierfahren und auf Hartenberg bestellt. (...) Abgefahren nach Schlackenwerth. (...) Im Garten einige vergnügliche Stunden. (...) Rückfahrt bei schönstem Wetter. Halb 9 im Finstern angekommen. Zusammen geblieben. (...) Schilderung eines früheren Hofmeisters der jungen Töchter.

Goethe, Tagebuch, 3. September

Gegen den Brunnen zu gegangen, abzuholen. Auf der Wiese gefrühstückt. (...) Amelie disputierend ... Mittag zusammen. Gegen 4 Uhr auf Aich. (...) Über den Hammer zurück. (...) Auf der Wiese. Nach 7 Uhr ... in's Haus. Ulrike fuhr fort den schwarzen Zwerg zu lesen, im ganzen natürlich und gut; sie müßte sich zu mehr Energie und Darstellungs-Lebhaftigkeit bequemen. Man blieb beisammen. Amelie voller Torheiten.

Goethe, Tagebuch, 4. September

Zu Tische Scherz mit den Gläsern. Wiederholung der Geburtstagsgeschichte. (...) Abends mit der Familie. Jugend-Einzelheiten der Töchter. Amelie erschien dabei sehr verständig.

Goethe, Tagebuch, 5. September

Früh alles gepackt. (...) ... allgemeiner, etwas tumultuarischer Abschied. Ich ging bis zum goldnen Löwen, wo ich den Wagen traf. Abgefahren nach 9 Uhr. (...) Abschrift eines Gedichtes.

Goethe, Tagebuch, 6. September

An dem Gedichte redigiert.

Goethe, Tagebuch, 7. September

Sonntag das Gedicht fortgesetzt. (...) Gleich nach der Ankunft [in Eger] Abschrift der neusten Strophen.

Goethe, Tagebuch, 8. September

Abschriften aller Art.

Goethe, Tagebuch, 9. September

Redaktion mancher Papiere. Fortgesetzte Konzepte und Munda.

Goethe an Amalie von Levetzow,
Eger, 9. September

Denken Sie sich, liebe, teure Freundin, die vergangnen mehreren Wochen, besonders aber die letzteren, so werden Sie jeden Tag von meiner Dankbarkeit durchwoben finden die ich jetzt einzeln weder ausdrößeln möchte noch könnte; ich schiebe daher alles Ihrem lieben Gemüte zu das wird an meiner Stelle das Beste tun.

Und wenn ich mich nun zu der Tochter wende so geht es mir eben so; doch da sie selbst mit Worten nicht freigebig sein mag so verzeiht sie mir wohl wenn ich diesmal auch zurückhalte. Doch wenn mein Liebling (wofür zu gelten sie nun einmal nicht ablehnen kann) sich manchmal wiederholen will was sie auswendig weiß, das heißt das Innerste meiner Gesinnung, so wird sie sich alles besser sagen als ich in meinem jetzigen Zustand vermöchte. Dabei, hoff ich, wird sie nicht ableugnen daß es eine hübsche Sache sei geliebt zu werden, wenn auch der Freund manchmal unbequem fallen möchte.

Alle Leute berufen mich über meine Gesunde Heiterkeit, ich danke jedermann zum allerschönsten; denn ich hör es gern, da es mich an alle die Heilmittel erinnert durch die sie mir geworden ist. Sollte sie sich aufrecht erhalten, so bringe ich sie zur Quelle zurück, sollte sie sich verlieren, so weiß ich wo ich sie wieder finden könnte.

Amelien sagen Sie das freundlichste für den letzten Abend; ich habe nie gezweifelt daß sie sei wie sie sich da gezeigt hat. Sagen sie ihr ferner: daß wenn sie (ohne im mindesten sich zu genieren) nur das Übermaß vermeiden mag, alsdann nicht leicht ein junges Frauenzimmer sich selbst, den Ihrigen, den Freunden, so wie der Gesellschaft erwünschter und angenehmer sein könnte.

Bertha, der holde Herankömmling, hat so schöne tiefe Töne in ihrem Organ; möge sie beim Vorlesen an mich denken und den Perioden, wo es sich schickt tief anfangen, um hernach den Ausdruck in die Höhe steigern zu können.

Verzeihung! daß ich aus der Ferne den Schulmeister mache; wie gern geschäh es in der Nähe! Denn wenn ich natürliche Vorzüge, glücklich eingeleitete Bildung bemerke, so kann ich mich nicht enthalten mit wenigen Worten auf die nächsten Hindernisse hinzudeuten von denen man sich oft länger als billig aufhalten läßt.

Dem Grafen Taufkirchen gönn ich alles Gute, besonders die vollständigste Schatulle von ganzem Herzen; aber verzeihen kann ich ihm nicht daß er uns, obgleich mit interessanten Geschichten, um eine Abend-Vorlesung gebracht hat, worauf ich mich, vielleicht mit noch jemand, besonders gefreut hatte. Möge bei solchen Übungen Ulrike meiner freundlich gedenken sich an das Wenige was ich bemerkt habe mit Neigung erinnern, so wird in kurzer Zeit der Bedeutsamkeit ihres Vortrags, dem ihre natürliche Anmut soviel gefälliges gibt, gewiß nichts abgehen.

Und so wär ich denn doch wieder in dem lieben Kreise aus dem ich mich herauszuwinden trachtete, wieder am runden Tisch, zwischen Mutter und Tochter, den Schwestern gegenüber, in häuslicher Vertraulichkeit.

Nun aber mahnt mich der Raum abzuschließen. Ein neues Blatt darf ich nicht nehmen, sonst ging es in's Unendliche fort. Danken aber muß ich noch bündig und herzlich für die Blicke die Sie mich in Ihr früheres Leben tun ließen, ich fühle mich dadurch näher verwandt und verbunden. Auch der Tochter möcht ich noch sagen: daß ich sie immer lieber gewonnen, je mehr ich sie kennen gelernt; daß ich sie aber kenne und weiß was ihr gefällt und mißfällt, wünscht ich ihr persönlich zu beweisen, in Hoffnung glücklichen Gelingens. So am Ende wie am Anfang treu anhänglich G.

Goethe, Tagebuch, 10. September
An Frau von Levetzow nach Karlsbad.

Goethe an Ulrike von Levetzow, Eger, 10. September

Aus der Ferne.

Am heißen Quell verbringst Du Deine Tage
Das regt mich auf zu innerm Zwist;
Denn wie ich Dich so ganz im Herzen trage
Begreif' ich nicht wie Du wo anders bist.

Näher betrachtet hätt ich denn doch besser getan noch ein Blatt anzufangen, denn gar mancherlei macht sich zum Abschluß nötig; oder vielmehr es ergibt sich daß man gar nicht abschließen kann.

Herren Grafen Klebelsberg empfehlen Sie mich zum allerschönsten und erzählen ihm wie ich gerade mit dem vierrädrigen Füllhorn seiner Sendung angekommen bin, und so viel Genießbares mitgenossen habe. Da ich denn für mein Teil zum schönsten danke. Wie für so vieles andere.

Auch nach Marienbad an Groß-Papa und Mama empfehlen Sie mich zum besten. Beruft mich das Glück im nächsten Jahre dorthin, so meld ich's bei Zeiten und bitte um gutes Unterkommen. Eine Schlafstätte wie die heurige würde dankbar anerkannt.

Und nun noch einen Hauptpunkt! Inständigst bitte mich wissen zu lassen wenn Sie den Ort verändern und wohin. Was ich zunächst wünsche läßt sich vielleicht erraten.

Damit das Halbdutzend voll sei muß ich noch aussprechen daß die köstliche Tasse, das holde Glas mich schon hier durch ihren Anblick erfreut nicht getröstet. Es war ein schöner Tag des öffentlichen Geheimnisses!

Goethe, Tagebuch, 12. September

Das Gedicht abermals unterwegs durchgegangen und Bemerkungen gemacht.

August von Goethe an seine Frau Ottilie, Jena, 13. September

Heute mittag, als ich bei Knebels aß, kam der Vater unerwartet an. Er traf uns beim Braten, aß mit ... (...) Diese Zeilen schreibe, als ich noch keinen Augenblick mit dem Vater allein gewesen. Ereignet sich etwas Merkwürdiges, so erhältst Du einen Expressen. Soviel für heute; Gott gebe ein gutes Ende!

August von Goethe an seine Frau Ottilie, Jena, 14. September

Gestern abend habe ich mit dem Vater bis gegen 9 Uhr zugebracht; wir tranken zusammen, und nichts störte unser Zusammensein. Der bewußte Name [Ulrike von Levetzow], das Wort Familie ist noch nicht genannt worden, und ich fange an zu hoffen, daß alles gut gehen und sich die ganze Geschichte wie ein Traumbild auflösen werde.

Goethe, Tagebuch, 16. September

Gedichte abgeschrieben.

Goethe, Tagebuch, 17. September

Die Abschrift des Gedichtes angefangen.

Goethe, Tagebuch, 18. September

Die Abschrift des Gedichtes fortgesetzt.

Goethe, Tagebuch, 19. September

Die Abschrift des Gedichts vollendet.

Kanzler Friedrich von Müller an Julie von Egloffstein, Weimar, 19. September

Als ich [am 14. September] abends sieben Uhr bei ihm eintraf, lenkte sich das Gespräch gar bald auf Rehbeins Braut, die dieser heimzuholen gerade jenen Abend nach Eger abgereist war. Diese schöne Gelegenheit ergriff der alte Herr aufs schlauste, sein eignes Glaubensbekenntnis auszusprechen. Er lobte nämlich die Braut über alle Maße, nannte es aber doch einen dummen Streich, daß Rehbein sich so rasch verehelichte. «Sie wissen», sagte er, «wie ich alles Extemporisieren hasse, vollends eine Verlobung oder Heirat aus dem Stegreife war mir von jeher ein wahrer Greuel. Eine Liebe wohl kann im Nu entstehen, und jede echte Neigung muß irgend einmal gleich dem Blitze plötzlich aufgeflammt sein; aber wer wird sich denn gleich heiraten, wenn man liebt? Liebe ist etwas Ideelles, Heiraten etwas Reelles, und nie verwechselt man ungestraft das Ideelle mit dem Reellen.»

Kanzler Friedrich von Müller,
Tagebuch, 23. September

Über Goethes Krisis, Zwiespalt im Innern und Ottiliens erfahrne Kränkung. Die Frauen mögen nicht unrecht haben, wenn sie meinen, Goethe gefalle sich darin, noch die Leidenschaftlichkeit eines Jünglings darzustellen, und die Art und Weise, wie er sein großes Gedicht an die Levetzow produziere, beweise es. Ich freute mich, Linen [Caroline von Egloffstein] so heiter sich aussprechen zu hören, aber es erschütterte mich tief, die Öde in Goethes Gemüt allenthalben bemerkt zu finden.

Kanzler Friedrich von Müller an
Julie von Egloffstein, Weimar, 25. September

Ohne allen Anlaß meinerseits rief er, kurz nachdem ich eingetreten war, aus: «Es ist doch recht absurd, daß Julie diesen Winter nicht hier ist; sie weiß gar nicht, wieviel sie mir entzieht und wieviel ich dadurch entbehre, sowenig als sie weiß, wie sehr ich sie liebe und wie oft ich mich im Geiste mit ihr beschäftige. Ihnen kann ich das wohl sagen, obgleich wir in diesem Punkte Rivals sind ...» (...)

Und dabei war er so gemütlich, so vertraulich, als ich ihn lange nicht gefunden in diesen Tagen. Er erzählte mir viel vom Marienbad, besonders von der Gräfin Szymanowska ...

Sie sehen also, daß seine Leidenschaft für Ulrike Levetzow wenigstens nicht exklusiv ist und daß ich recht habe zu behaupten, nicht dieses einzelne Individuum, sondern das gesteigerte Bedürfnis seiner Seele überhaupt nach Mitteilung und Mitgefühl habe seinen jetzigen Gemütszustand herbeigeführt.

Die rohe und lieblose Sinnesweise seines Sohnes und Ulrikens [von Pogwisch] schroffe Einseitigkeit und gehaltlose Naivität sind freilich nicht gemacht, eine solche Krisis sanft und schonend vorüberzuführen, und die arme Ottilie ist seit seiner Ankunft beständig krank und für ihn so gut wie unsichtbar. Daher macht ihn der grelle Kontrast gegen sein heitres Badeleben mitunter höchst verstimmt und niedergebeugt, wo ihm dann jede äußere Anforderung peinlich wird ... Aber das ist nur momentan. Mir ist es noch immer gelungen, ihn aufzuheitern und gesprächig zu machen. Nur vom Sohne her droht alles Übel, da der verrückte Patron gegen den Vater den Pikierten spielt und sogar Ottilien mit sich nach Berlin nehmen will, wodurch alsdann erst alles verlorengehen könnte. Doch ich hoffe noch immer, es soll mir gelingen, solche Tollheiten abzuwehren, und Line [Caroline von Egloffstein] wird mir dabei treulichst helfen.

Kanzler Friedrich von Müller,
Tagebuch, 2. Oktober

Vertraulichste Mitteilung seiner Verhältnisse zu Levetzows. «Es ist eben ein ‹Hang›, der mir noch viel zu schaffen machen wird, aber ich werde darüber hinauskommmen.» Iffland könnte ein charmantes Stück daraus fertigen, ein alter Onkel, der seine junge Nichte allzuheftig liebt.

Kanzler Friedrich von Müller an
Julie von Egloffstein, Weimar, 6. Oktober

Am Donnerstag feierte Goethe [Graf] Reinhards Geburtstag und war von unerschöpflich heitrer und milder Laune. Gegen Abend ... nahm er mich beiseite und sprach viel und herzlich über seine Neigung (oder «Hang», wie er es nennt) zu Fräulein Levetzow. «Ich werde darüber hinauskommen», sagte er; «ich weiß es, aber es wird mir noch viel zu schaffen machen.»

Charlotte von Schiller an ihren Sohn Ernst,
Weimar, 10. Oktober

Du wirst schwer erraten, wer Dir nachfolgen wird. Es ist der Vater Goethe, der in Böhmen ein Fräulein [Ulrike von Levetzow] liebt ... Das Mädchen ist ganz schwärmerisch für den Geheimrat eingenommen. Der Kammerrat [August von Goethe] soll außer sich sein, Ottilie aber sich sehr vernünftig betragen ... Ich hoffe, daß Goethe in einem Alter von 74 Jahren nicht so unweise handeln wird. Sage es auch niemand, damit es nicht von mir kommt. Ich möchte die Blöße lieber verhüllen als aufdecken.

Wilhelm Grimm an Suabedissen,
Kassel, 19. Oktober

Es scheint, als ob er sich wirklich nach der Krankheit wieder verjüngt habe. Ob es aber nicht ein zu jugendlicher Sinn ist, wenn er ein ganz blutjunges Fräulein heiraten will, wie ich gestern habe erzählen hören, mag er selbst am besten beurteilen können.

Kanzler Friedrich von Müller, Tagebuch, 24. Oktober

Goethe gab eine große Abendgesellschaft jener interessanten polnischen Virtuosin, Mad. Marie Szymanowska zu Ehren, von der er uns schon so viel erzählt hatte und die gestern ihn zu besuchen mit ihrer Schwester, Casimira Wolowska, hier angelangt war. Auf sie hat er zu Karlsbad die unvergleichlichen Stanzen gedichtet, die er uns kürzlich vorgelesen und die seinen Dank aussprechen, daß ihr seelenvolles Klavierspiel seinem Gemüte zuerst wieder Beruhigung schaffte, als die Trennung von Levetzows ihm eine so tiefe Wunde schlug.

Goethe war den ganzen Abend hindurch sehr heiter und galant, er weidete sich an dem allgemeinen Beifall, den Mad. Szymanowska ebensosehr durch ihre Persönlichkeit als durch ihr seelenvolles Spiel fand.

Johann Peter Eckermann, Gespräche mit Goethe, 27. Oktober

Stadelmann brachte zwei Wachslichter, die er auf Goethes Arbeitstisch stellte. Goethe ersuchte mich, vor den Lichtern Platz zu nehmen, er wolle mir etwas zu lesen geben. Und was legte er mir vor? Sein neuestes, liebstes Gedicht, seine «Elegie» von Marienbad.

Ich muß hier in bezug auf den Inhalt dieses Gedichts einiges nachholen. Gleich nach Goethes diesmaliger Zurückkunft aus genanntem Badeort verbreitete sich hier die Sage, er habe dort die

Bekanntschaft einer an Körper und Geist gleich liebenswürdigen jungen Dame gemacht und zu ihr eine leidenschaftliche Neigung gefaßt. Wenn er in der Brunnenallee ihre Stimme gehört, habe er immer rasch seinen Hut genommen und sei zu ihr hinuntergeeilt. Er habe keine Stunde versäumt, bei ihr zu sein, er habe glückliche Tage gelebt; sodann die Trennung sei ihm sehr schwer geworden, und er habe in solchem leidenschaftlichen Zustande ein überaus schönes Gedicht gemacht, das er jedoch wie eine Art Heiligtum ansehe und geheimhalte.

Ich glaubte dieser Sage, weil sie nicht allein seiner körperlichen Rüstigkeit, sondern auch der produktiven Kraft seines Geistes und der gesunden Frische seines Herzens vollkommen entsprach. Nach dem Gedicht selbst hatte ich längst ein großes Verlangen getragen, doch mit Recht Anstand genommen, Goethe darum zu bitten. Ich hatte daher die Gunst des Augenblickes zu preisen, wodurch es mir nun vor Augen lag.

Er hatte die Verse eigenhändig mit lateinischen Lettern auf starkes Velinpapier geschrieben und mit einer seidenen Schnur in einer Decke von rotem Maroquin befestigt, und es trug also schon im Äußern, daß er dieses Manuskript vor allen seinen übrigen besonders werthalte.

Ich las den Inhalt mit hoher Freude und fand in jeder Zeile die Bestätigung der allgemeinen Sage. Doch deuteten gleich die ersten Verse darauf, daß die Bekanntschaft nicht dieses Mal erst gemacht, sondern erneuert worden. Das Gedicht wälzte sich stets um seine eigene Achse und schien immer dahin zurückzukehren, woher es ausgegangen. Der Schluß, wunderbar abgerissen, wirkte durchaus ungewohnt und tief ergreifend.

Als ich ausgelesen, trat Goethe wieder zu mir heran. «Gelt», sagte er, «da habe ich Euch etwas Gutes gezeigt. In einigen Tagen sollen Sie mir darüber weissagen.» Es war mir sehr lieb, daß Goethe durch diese Worte ein augenblickliches Urteil meinerseits ablehnte, denn ohnehin war der Eindruck zu neu und zu schnell vorübergehend, als daß ich etwas Gehöriges darüber hätte sagen können.

Goethe versprach, bei ruhiger Stunde es mir abermals vorzulegen.

Johann Diederich Gries an Bernhard Rudolf Abeken, Jena, 2. November

In Weimar geht man so weit, zu behaupten, er werde sie heiraten; aber das wäre doch gar zu toll. Soviel scheint indessen gewiß, daß das Mädchen [Ulrike von Levetzow] mit ihrer Mutter den Winter in Weimar zubringen wird. Die schöne Welt in Weimar hält sich um so mehr über diese Liebschaft auf, da die cara mamma nicht eben in dem besten Rufe steht. Sie soll die anerkannte Freundin eines reichen böhmischen Grafen [Klebelsberg] sein. Und wie das Geklatsche immer weitergeht, so sagt man schon, Ottilie ... reise nach Berlin, um ihrer künftigen Schwiegermutter aus dem Wege zu gehn. Die Reise ist zwar gewiß, aber schwerlich der Grund.

Carl Friedrich Graf von Reinhard an
Ignaz Heinrich Karl Freiherr von Wessenberg,
Frankfurt, 2. November

Sie wünschen Nachrichten über Goethe ... Eine geistreiche und liebenswürdige Schwiegertochter, zwei reizende kleine Kinder und ein Sohn, ein braver Kerl, machen seine Familie aus. Er hat ihnen neulich eine Aufregung ins Haus gebracht, die selbst nach außen gedrungen ist. Er war im Bade mit einer jungen und hübschen Person [Ulrike von Levetzow] bekannt geworden, und es hieß, daß er sie eingeladen hätte, nach Weimar zu kommen, und daß er sie heiraten wolle. Es ist nichts daran; aber da die Aufregung ihm mißfallen hat, hat er sich den Spaß gemacht, sie zu verlängern.

Johann Peter Eckermann, Gespräche mit Goethe,
17. November

Humboldt ist hier. Ich war heute einen Augenblick bei Goethe, wo es mir schien, als ob die Gegenwart und die Unterhaltung Humboldts einen günstigen Einfluß auf ihn gehabt habe. Sein Übel scheint nicht bloß physischer Art zu sein. Es scheint vielmehr, daß die leidenschaftliche Neigung, die er diesen Sommer in Marienbad zu einer jungen Dame gefaßt und die er jetzt zu bekämpfen sucht, als Hauptursache seiner jetzigen Krankheit zu betrachten ist.

Wilhelm von Humboldt an seine Frau Caroline, Weimar, 19. November

Heute gab er mir ein gebundenes Gedicht, eine Elegie. Ich sah schon, daß sie sehr zierlich und sorgfältig äußerlich in Band und Papier behandelt war. Sie war ganz von seiner Hand geschrieben. Er sagte mir, es sei die einzige Abschrift, die davon existiere; er habe sie noch niemandem, ohne Ausnahme, gezeigt und werde sie noch lange nicht, vielleicht nie drucken lassen. Er habe sich aber auf meine Ankunft gefreut, weil er vorher wisse, ich werde mit ihm fühlen. Er sagte das alles in einem bewegteren und sich mehr erschließenden Ton, als ihm sonst eigen war. So fing ich an zu lesen, und ich kann mit Wahrheit sagen, daß ich nicht bloß von dieser Dichtung entzückt, sondern so erstaunt war, daß ich es kaum beschreiben kann. Es erreicht nicht bloß dies Gedicht das Schönste, was er je gemacht hat, sondern übertrifft es vielleicht, weil es die Frische der Phantasie, wie er sie nur je hatte, mit der künstlerischen Vollendung verbindet, die doch nur langer Erfahrung eigen ist. Nach zweimaligem Lesen fragte ich ihn, wann er es gemacht habe. Und als er mir sagte: «Vor nicht gar langer Zeit», war es mir klar, daß es die Frucht seines Marienbader Umganges war. Die Elegie behandelt nichts als die alltäglichen und tausendmal besungenen Gefühle der Nähe der Geliebten und des Schmerzes des Scheidens, aber in einer so auf Goethe passenden Eigentümlichkeit, in einer so hohen, so zarten, so wahrhaft ätherischen und wieder so leidenschaftlich rührenden Weise, daß man schwer dafür Worte findet ...

Nach der Lesung spann sich nun ein Gespräch darüber an; die Person [Ulrike von Levetzow] wurde nie genannt, aber es war eigentlich immer von ihr die Rede, und sei es nun, daß sie noch sehr, wie ich glaube, in seiner Seele herrsche oder nicht, so ist gewiß, daß ohne sie diese wirklich himmlischen Verse nie entstanden wären ...

Ich konnte mich nicht enthalten, ihm zu sagen, daß ich wirklich erstaunt wäre, in ihm noch diese Jugendlichkeit des Talents und des Gefühls, da solchem Gedicht ein wirkliches zugrunde liegen müsse, zu finden, und daß diese Geistes- und Phantasiestärke wahrhaft Gewähr leiste, daß, wenn nicht ein Zufall ihn dahinraffe, er noch für lange Jahre Lebenskraft besitze, und wirklich hätte ich nie gedacht, daß er dessen noch fähig sei. Er sagte darauf selbst, daß man wohl damit dem Leser den Geburtstag des Dichters zu raten aufgeben könne. In keiner Silbe des Gedichtes ist des Alters erwähnt, aber es schimmert leise durch; teils darin, daß alles darin so ins völlig Hohe und Reine gezogen ist, teils in der umfassenden Fülle der Naturbetrachtung, auf die hingedeutet ist und die Reife der Jahre fordert.

Goethe wurde über das Gedicht, von dem er selbst sehr naiv sagte: «Ich habe nicht aufhören können, es so lange zu lesen, bis ich es nun auswendig weiß; ich habe mir auch darin nachgesehn, warum soll man sich solche Genüsse versagen?» – er wurde, wollte ich sagen, über das Gedicht und meine

Freude daran so gehoben, daß er, sein Übel vergessend, mit ganz ungewöhnlicher Heiterkeit sprach und sicher lange fortgesprochen hätte, wenn nicht der Großherzog plötzlich hereingetreten wäre ...

Es ist mir sehr klar geworden, daß Goethe noch sehr mit den Marienbader Bildern beschäftigt ist, allein mehr, wie ich ihn kenne, mit der Stimmung, die dadurch in ihm aufgegangen ist, und mit der Poesie, mit der er sie umsponnen hat, als mit dem Gegenstand selbst. Was man also vom Heiraten und selbst von Verliebtheit sagt, ist teils ganz falsch, teils auf die rechte Weise zu verstehen. Nur glaube ich doch, daß die Einförmigkeit, vielleicht sogar die geringe Erfreulichkeit des Familienkreises ihm, nach der lebendigeren Regung in Böhmen, nicht wohltut und daß ihm dies Gefühl mehr lastet, weil seine Krankheit ihm den gewohnten Trost beständiger Beschäftigung raubt ...

Carl Friedrich Zelter,
Reisetagebuch, 24. November

Mein Geschäft in Erfurt war in zwei Tagen abgemacht. Nun freue mich, nehme Extrapost (24. November), komme nach Weimar, fahre vor. Ich bleibe eine Minute im Wagen, niemand kommt mir entgegen. Ich trete in die Tür, ein weibliches Gesicht guckt zur Küche heraus, sieht mich, zieht sich wieder zurück. Stadelmann kommt und hängt das Haupt und zuckt die Schultern. Ich frage, – keine Antwort. Ich stehe noch an der Haustür: soll man etwa wieder gehn? Wohnt hier der Tod? Wo ist der Herr? – Trübe

Augen. – Wo ist Ottilie? – Nach Dessau. – Wo ist Ulrike? – Im Bette. Mein Traum fällt mir ein, ich erschrecke. Der Kammerrat kommt: Vater ist – nicht wohl; krank, recht krank. – Er ist tot! – Nein, nicht tot, aber sehr krank. Ich trete näher, und Marmorbilder stehn und sehn mich an. So steig' ich auf. Die bequemen Stufen scheinen sich zurückzuziehn. Was werde ich finden? Was finde ich? Einen, der aussieht, als hätte er Liebe, die ganze Liebe mit aller Qual der Jugend im Leibe. Nun, wenn das ist, er soll davonkommen! Nein! Er soll sie behalten, er soll glühen wie Austernkalk; aber Schmerzen soll er haben wie mein Herkules auf dem Oeta. Kein Mittel soll helfen; die Pein allein soll Stärkung und Mittel sein. Und so geschah's, es war geschehn! Von einem Götterkinde, frisch und schön, war das liebende Herz entbunden. Es war schwer hergegangen, doch die göttliche Frucht war da, und lebt und wird leben und ihres Geistes Namen über Zonen und Äonen hinaustragen und wird genennet werden Liebe, ewige, allmächtige Liebe.

Goethe an Amalie von Levetzow,
Weimar, 29. November

Und so erreich' ich es denn, nach langem Entbehren, wieder in die Mitte des heitersten Familienkreises einzutreten und eines Zustandes, nunmehr in freier Luft, in Wein- und Obstgärten, wenn auch nur gedankenweise, mich zu erfreuen, eines Zustandes der mich, unter den zwar kurzen, aber doch goldnen Flügeln des herrlichen Straußes, höchst glücklich gemacht hätte. Noch jetzt empfinde ich es nach, da eine heitere Vergangenheit als wäre sie gegenwärtig ihren reizenden Einfluß ununterbrochen fortsetzt.

Daß ein so schöner Herbst Ihnen gegönnt war machte mir die reinste Freude, ich mochte an heitern Tagen Sie denken wo ich wollte, so fand ich Sie unter freiem Himmel; und wenn nun gar Ihre liebenswürdige Erzählung mir die schönen böhmischen Gegenden durch eine frohe Tätigkeit der lieben Kinder belebt und die Landschaft erst recht durch die anmutigsten Figürchen heraushebt, so wüßte ich Gefühl und Einbildungskraft nicht angenehmer zu beschäftigen.

Charlotte von Schiller an Caroline von Humboldt, Weimar, 30. November

Du wirst mündlich viel hören über Goethe. Es ängstigt mich sehr, denn ich fürchte doch, es könnte die Wassersucht sein. Seine Neigung [zu Ulrike von Levetzow] kömmt mir vor wie in der Ilias der Streit um die Briseis; nur ist es Agamemnon statt des Achill. Ein Streit mit einer egoistischen Familie, die sich sehr unfein benimmt. Du hast diese Briseis gesehen. Wenn er wirklich einer so heftigen Leidenschaft noch fähig ist, so ist es kein Mangel seines Gemüts und rührend. Ich möchte, daß man ihm das Leben noch erheiterte und nicht durch kleinliche Gemeinheiten verbitterte. Was mich bei seinem Zustand ängstigt, ist, daß er sitzend schläft und das Bett nicht ertragen kann. Wäre nur erst der Dezember, sein stets gefürchteter Monat, vorüber!

Caroline von Wolzogen an Caroline von Humboldt, Jena, 14. Dezember

Goethe geht's etwas besser, doch kann er, um den Husten nicht zu reizen, wenig sprechen und soll noch sehr böser Laune sein. Einem recht hohlen Menschen [Kanzler von Müller] hat er seine Liebe anvertraut und gesagt, er wolle sie bekämpfen. Dies ja nur bloß für euch, denn die Indiskretion ist grenzenlos.

Goethe an Amalie von Levetzow, Weimar, 31. Dezember

Das alte Jahr, das mir so viel Schönes und Gutes gegönnt hat, soll nicht vorübergehen ohne daß meine teuern Freundinnen abermals ein Wort des Grußes und Dankes vernehmen. Zwar hat der November mich nicht aufs beste behandelt, doch gibt die Aussicht auf den letzten, und in dessen Gefolg auf den längsten Tag neuen Mut und Hoffnungen. Möge das Alles nach Wunsch gelingen! (...)

Daß ich mit meinen Gedanken oft genug in Böhmen gewesen lassen Sie mir gelten, was aber sagen Sie wenn ich melde daß eine Zeichnung vom Hasenberge, mit Klippen und Ruinen, mir ganz unerwartet neulich vor Augen trat. Ich betrachtete ihn mit einiger Scheu: ob nicht etwa gar an und auf demselben mich die Strafe irgendeines Kirchenraubs, oder sonstigen Vergehens, wie es auf Engelhaus der Fall war, drohend erwartete; doch will ich mir von so liebenswürdigen Richtern alles gefallen lassen, die ja wohl behülflich sind das allerschlimmste zu überstehen. Wenn ein schlankes, liebes Kind sich niederbeugt und meiner gedenkend ein Steinchen aufhebt, so ist das zu den hundert Stellungen in denen ich sie vor mir sehe wieder ein neuer Gewinn; sie mag mir ja die Früchte ihrer Bemühung nicht vorenthalten. (...)

Meine nächsten Aussichten aber, deren Gewährung ganz von Ihnen abhängt, lassen Sie mich nicht zu lange entbehren. Wo und Wie? haben meine Gedanken Sie aufzusuchen? Gute Nachrichten von allen Herzlich gegrüßten, den Herren Grafen und die teuren Eltern mit eingeschlossen, mit Sehnsucht hoffend und erwartend. treu anhänglich. G.

1824

Johann Diederich Gries an Bernhard Rudolf Abeken, Jena, 2. Januar

Zelter blieb mehrere Wochen in Weimar, kam aber während der Zeit zweimal herüber. Er ist noch immer der Alte; kräftig, heiter, derb, geistreich, in jeder Hinsicht ein höchst ausgezeichneter Mensch. Als Goethe in der Besserung war, schrieb Zelter an Betty Wesselhöft, Goethe habe ein Liebesgedicht gemacht, voll von Glut, Blut, Mut und Wut, herrlicher als eins seiner Jugendgedichte. Dieses habe er (Zelter) ihm dreimal hintereinander vorlesen müssen. Endlich habe Goethe gesagt: «Ihr lest gut, alter Herr.» – «Das war ganz natürlich», fügte Zelter hinzu; «aber der alte Narr wußte nicht, daß ich dabei an meine eigene Liebste gedacht hatte.» – Das sind doch noch ein paar alte Herren, wie sie sein sollen! Zelter ist ungefähr zehn Jahre jünger als Goethe.

Goethe an Amalie von Levetzow,
Weimar, 13. April

Endlich ist der März vorüber, die Sonne steht höher, Schneeglöckchen, Krokus und andre niedliche Frühblumen seh ich in Büschel und Reihen vor meinem Fenster und kann glauben daß die Freundinnen, abends am traulichen Tische versammelt, mir ein Plätzchen unter sich gönnen möchten. Bisher habe ich Sie nur bei Festen, auf Bällen, im Theater mir denken können, da wird es denn wohl an aufmerksamen Verehrern nicht gefehlt haben, die ich zu beneiden mich nicht enthalten könnte.

Das Frühjahr ist also da! Wie wird es mit dem Sommer werden? Bei dieser Frage ist mir nicht ganz wohl zu Mute. Der verehrte Fürst scheint sich nach Westen hin zu neigen, da seine Diener den Osten im Auge behalten. Wie sich dieser Zwiespalt lösen wird ist nicht voraus zu sehen.

Sagen Sie mir indessen, teuerste Freundin, mit mehr Entschiedenheit wenn es möglich ist, Ihre Aussichten, Plane, Vorsätze für die nächste Zeit; dadurch gewänne man, im ungewissen Falle, doch einen Anhalt auf den man lossteuerte.

Ferner lassen Sie mich ja erfahren wie Sie diesen Winter zugebracht, möge ich das Beste hören! Mich hat er nicht glimpflich behandelt; mein aus Osten mitgebrachter guter Humor, im Andenken so schöner Stunden, machte mich sicher, ich traute mir zuviel zu und mußte dafür büßen.

Die liebe Jugend ist wohl so froh als gesund und ich kann sie mir im Freien denken; der Hühnerhof und der Hasenberg erscheinen mir manchmal als wenn ich dagewesen wäre, oder dort sein sollte.

So weit war schon zu Anfang des Monats geschrieben und manches hing noch in der Feder das nicht recht heraus wollte. Nun aber soll das Blatt ohne weitern Aufenthalt seinen Weg dahin nehmen wo ich die Botschaft lieber selbst ausrichtete, obgleich im Augenblick ungewiß wohin ich mich zu wenden hätte.

Gedenken Sie mein mit den lieben Kindern und gönnen mir die Hoffnung daß ich, mit den gleichen Gefühlen und einigen unterhaltenden Druckheften ankommend, den Lieben an dem alten Plätzchen willkommen sein werde.

Indessen bleibt der zierliche Becher der Vertraute meiner Gedanken, die süßen Namenszüge nähern sich meinen Lippen, und der 28te August, wenn es nicht soweit hin wäre, sollte mir die erfreulichste Aussicht geben. Ein trautes Anstoßen und so weiter unwandelbar

Goethe.

Caroline von Wolzogen an Caroline von Humboldt, Jena, 26. Juni

Ich scheine ihm auch wohlzutun, und letzt war er nahe daran, daß sein Herzensverhältnis zur Sprache kam. Wenn ich hier bliebe, könnte ich alles tun, um ihm die Nähe seiner Liebe zu gewähren; ich bin überzeugt, daß noch viel Herrliches entstünde. Das Mädchen soll sehr gut und von den schönsten Anlagen sein und sich über die Gemeinheit ihrer Familie sehr kränken. Die seine benimmt sich sehr abgeschmackt, doch ist Goethe so weich, daß er den Unfrieden um sich her nicht tragen kann, und glaubte ich nicht, daß Ärger von dieser Seite seinem physischen Wohlsein nachteilig wäre, so böte ich ihm an, das Mädchen nach Jena zu mir im Herbst einzuladen. Immer bin ich geneigt, die Frau Minnetrost zu sein, und was ist denn am Leben ohne diese himmlische Blüte?

Kanzler Friedrich von Müller an
Julie von Egloffstein, Weimar, 19. Juli

Goethe, den die ganze Sache zum allerhöchsten interessiert, hat nun mit seiner bekannten Geheimniskrämerei das Bild [Porträt der Auguste Jacobi von Macco] allen seinen Freunden und auch Linen [Caroline von Egloffstein], der Wolzogen, Adelen [Schopenhauer] p. unter den mystischsten Formeln gezeigt, ohne eine Silbe zu verraten, woher es komme oder wem es gehöre oder vorstelle, und nun schwören alle Stein und Bein darauf, es sei die Fräulein Ulrike Levetzow, Goethes Geliebte, und können nicht aufhören, die Liebenswürdigkeit und Schönheit zu preisen ... Line war die einzige, die, zu Goethes großem Erstaunen, sagte, die Manier habe, bei aller Originalität, doch Ähnlichkeit mit der Maccoschen ... Kurz, dieses Bild ist ein wahres Vexierbild für das ganze Goethesche Haus, denn selbst der Sohn und Ulrike [von Pogwisch] bilden sich ein, es sei Fräulein Levetzow.

Goethe an Amalie von Levetzow,
Weimar, 18. Oktober

Also wieder ein Ausrufungs Zeichen – ¡ – und zwar ein umgekehrtes. Denn fürwahr so wie jenes gemeinsame Blättchen mich entzückte so betrübt mich die letzte Nachricht, und wie dort so kann ich jetzt auch keine Worte finden.

Es trifft zu, ich bin jenes Tages an der Post vorbeigefahren, habe Personen am Tor stehende begrüßt, aber nicht gedacht daß ich ganz andre dort hätte begrüßen sollen. Ich will nun auch nicht mehr an Vorahnungen und sonstiges geheimes Andeuten im mindesten glauben da so viel Schönes und Liebes unempfunden bei mir vorüber gehen können.

Indessen ich mir einen Augenblick wünschte recht herzlich auszusprechen wie schön mich die vierfache Zuschrift entzückt hatte, wie ich so ganz mich unter Sie versetzt fühlte als Sie den zierlichsten Gedanken ausführten und mit niedlicher Schrift ein wahres Familienwohlwollen so lieblich ausdrückten. Zweifelten Sie aber in der Folge, vielleicht nicht unbillig an meinen unwandelbaren Gesinnungen, so möcht ich doch zu meinem Troste denken: dieser Zwiespalt sei nicht ganz einstimmig gewesen, ein und das andere holde Gemüt habe zu meinen Gunsten gesprochen. Und so möcht' ich wohl Ulriken, das sanfte ruhige Kind, auf ihr Gewissen fragen: ob Ihr nicht irgend etwas zu meinem Vorteil aufgegangen sei? Ganz gewiß war hie und da in dem einzelnen Herzen etwas das mich lossprach wenn der ganze Kreis mich verdammte.

1825

Goethe an Amalie von Levetzow,
Weimar, 3. Februar

Die Fortsetzung meines letzten Blattes war gleich zu jener Zeit geschrieben, indessen da ich jetzt wieder darnach suche hat es sich verlegt, wahrscheinlich weil ich es zu gut aufhob. Doch da es nur enthält was ich täglich und stündlich in Gefühlen und Gedanken wiederhole, so ist dies als kein Verlust anzusehen und läßt sich leicht wieder herstellen.

Und so will ich also nur zu dem lieben Familienblatte zurückkehren, das mir gar manchen einsamen Winterabend Gesellschaft leistete. Ich zündete ein paar Lichter mehr an, nahm es vor Augen und fühlte mich jederzeit in Ihre Mitte versetzt.

Da segnete ich denn jenen glücklichen Gedanken, oder vielmehr das reine Gefühl, das Ihnen eingab sich mit dem lieben Blatte zu beschäftigen, und mir, in der Überzeugung daß ich einen herzlichen Ausdruck Ihres gemeinsamen Wohlwollens gar wohl durch meine treue Anhänglichkeit verdient, einen solchen Beweis zukommen lassen. Gewiß ich fand mich dadurch oft unter Ihnen, wohin ich mich stets wünsche, und wiederholte das Erfreuliche was mir drei Sommer in Ihrer Gegenwart und Umgebung zu Teil geworden.

Mich, am vergangnen 28. August, in Dresden zu erwarten war eine Ahnung vollkommen richtig; denn der Gedanke, zu Tag und Stunde dort einzutreffen, stand auf dem Punkte in Vorsatz überzugehen und nur die vielfachen Verhältnisse, die mich an jenem Orte hin und her gezogen, und zwar nicht zerstreut doch in Unruhe versetzt hätten, konnten mich abhalten einen Schritt zu tun von dem ich mir das Allerliebste zu versprechen hatte.

Nun aber tu ich wohl am Besten von dem wunderlichsten aller Unfälle zu schweigen den ich mir gerade durch ein herzlich dankbares Zaudern zuzog. Ich muß mich einer unschuldigen Schuld schuldig bekennen. Es ist mir nicht leicht etwas empfindlicheres begegnet.

Möchte Sie gegenwärtiges in gutem Befinden und freudigen Zusammensein glücklich antreffen, und das schöne Straßburg sich um Sie durch manche lustige Winterunterhaltung recht verdient gemacht haben. Dabei darf ich aber wohl gestehen daß mich die schwankende Gesundheit der guten Mutter in einiger Sorge läßt, die sich noch verstärken würde wenn ich die Werte nicht so gut und treulich umgeben wüßte.

In einiger Zeit wird eine kleine Sendung von Genf, durch Vermittlung des Herren Franck anlangen, die mit einem freundlichen Blick zu empfangen bitte. Gibt sie Anlaß daß ich abermals einige Zeilen von der liebenswürdig verbundenen Gesellschaft vernehme, so werd ich mich sehr glücklich schätzen. Unter tausend Grüßen treu angehörig

J. W. v. Goethe.

Goethe an Amalie von Levetzow,
Weimar, 20. April

Ihr lieber Brief vermeldet mir das Übelbefinden des lieben Kindes; wie sehr dies in Ihrem schönen Zirkel peinlich ist fühl ich ganz und würde mich nicht enthalten selbst gegenwärtig diese Gefühle und Leiden tragen zu helfen.

Ich habe unterdessen auch manches zu erdulden. Der Theaterbrand hat mich nicht wenig getroffen; auch der Wiederaufbau nimmt mich in Anspruch, zu einer Zeit wo ich allerdings einer entschiedenen Ruhe bedürfte um meine Tätigkeit zu eigenen Zwecken zu verwenden.

Nehmen Sie Beikommendes freundlich auf und verwahren es im gleichen Sinne; es sollte von Genf aus schon längst zu Ihnen gelangt sein, machte aber den Umweg über Weimar.

Wenn Sie den Ort verändern lassen Sie mir es ja bekannt werden; ich weiß noch nicht wie und wohin der Sommer mich führen wird. Verzeihung der fremden Hand! Ganz wie in der Stunde des Abschieds treu angehörig Goethe.

Goethe an Amalie von Levetzow,
Weimar, 17. Juni

Sie sagten einmal, teuerste Freundin, das liebliche Wort: Sie könnten Marienbad nicht ohne mich denken, und sind nun überzeugt daß ich jetzt gerade in dem Fall bin mich nicht ohne Marienbad denken zu können. Die schönen Tage des Monats lassen mich nicht im Hause verweilen, und wenn man draußen ist, so möchte man denn auch über alle Berge; und ich weiß recht gut über welche.

Sollen denn nun meine lieben schlanken Gestalten quer über die Terrasse hüpfen, oder der Länge nach hin und her wandeln und ich soll weder Zeuge des einen, noch Geselle des andern sein!

Alle meine Freunde wollen mich von hier weg; denn sie merken wohl daß mir etwas fehlt das ich auswärts suchen sollte; treten die Ärzte nun gar hinzu und raten das Gleiche; so können Sie denken daß ich unruhig und ungeduldig werde.

Ganz sicher sind Sie nicht vor mir, denn käm' ich auch nur zum Besuch auf wenige Tage, so sollten das schon Festtage werden, wenn sie sich an die schönen vom goldnen Strauß anschließen wollten; von meiner Seite würde sich alles finden wie damals; und hofft man nicht Erwiderung die man wünscht.

Allzuhinderlich aber sind mir tägliche Forderungen, die von allen Seiten an mich ergehen, die ich nicht ablehnen und kaum übertragen kann. Mich bestürmt gar vieles und Bedeutendes, öffentlich und häuslich, herkömmlich und unerwartet. Überdies müssen wir alle mit dem höchsten Anteil vor Augen haben das Jubiläum unseres gnädigsten, verehrten Herren, das am dritten September eintritt. Die wenigen Wochen bis dahin, wie leicht und schnell vergehen sie! Und so werd ich denn zwischen Wollen und Hoffen, zwischen Notwendigem und Zufälligem dergestalt hingehalten daß ich so leicht nicht einen Entschluß fassen und mich doch auch nicht entschieden resignieren kann.

Nun aber wünsche höchlich Sie mögen meiner fleißig gedenken, daß wenn ich ankäme alles wäre wie gestern Karlsbad auf der Wiese; wobei ich denn hoffe daß die gegitterten schottischen Anzüge wieder gesehen werden, und was sonst noch Bekanntes und liebliches an Ellbogen, Engelhaus, Aich und den Hammer erinnern könnte. (...)

Wenn das in Straßburg noch glücklich angelangte Bild der lieben Ältesten übergeben worden, so wird sie ein Eigentumsrecht daran gewiß empfinden. Möge die Mittlere zu allem ihrem Mutwillen wieder hergestellt sein! und die Jüngste, in holder Natürlichkeit herangewachsen, ihre Umgebung erfreuen und beleben.

Und so schließe ich, ob ich gleich noch viel zu sagen habe. Führen Sie es untereinander, im freundlichsten Gespräch umständlich aus. treu anhänglich

J. W. v. Goethe.

Goethe an Amalie von Levetzow,
Weimar, 1. November

Sie seien von einer Krankheit wieder hergestellt die, wie ich vernommmen hatte, gefährlich bedrohte und woran ich in Furcht und Sorge herzlichen Anteil nahm. Seien Sie aufs neue im Leben zu Freude und Glück treulichst willkommen! Und so nehm ich denn auch an allem was Ihnen Gutes begegnet meinen freundschaftlichsten Teil und freue mich von Herzen über das holde Geschick Amaliens. Sie soll an mich denken wenn es ihr beigehen sollte Freund und Gemahl gelegentlich zu necken.

In Gedanken spazierte gar oft mit unsrer lieben, geliebten Ältesten auf der Terrasse hin und wider. Die schöne Gewohnheit einige Sommermonate zusammen zu sein sollte mir diesmal ausgehen, und ich hätte es nicht ertragen Sie ohne mich zwischen jenen Fichtenwäldern zu wissen, hätte mich die schönste und notwendigste aller Pflichten nicht in meinem nächsten Kreise gehalten.

Nun aber da ich weiß wohin ich Beikommendes addressieren kann versäum ich nicht zu sagen wie auf eine unbeschreiblich mannigfaltige Weise unser hohes Fest gefeiert worden.

Indessen sammelt man die verschiedenen Gedichte und sucht durch Beschreibung das Vorgefallene zu überliefern und zu erhalten. Das erste Exemplar das mir zu Handen kommt soll Ihnen gewidmet sein. Gedenken Sie mein in Ihrem heitern Familienkreise, empfehlen Sie mich Ihren teuren Eltern, auch dem Herrn Grafen in der Ferne, und versäumen ja nicht den lieben Kindern aufs freundlichste zu sagen: ich hoffe zu vernehmen daß der anmutige Landsitz auch diesmal seine holden Gäste mit erquicklichen Früchten und sonstigem Guten, wovon ich vor zwei Jahren mitgenossen reichlich werde empfangen haben.

Mich findet Ihr Gruß immer mit unveränderlichen Gesinnungen an der alten Stelle. Mit wiederholten Segenswünschen, treu anhänglich J. W. v. Goethe

1826

Goethe an Amalie von Levetzow,
Weimar, 7. November

Die schon heute vor einem Jahr mir gnädigst zugedachte so ehrenvolle Medaille hat sich in der Zeit zu einem bedeutenden Kunstwerk gesteigert und gibt mir den schönsten Anlaß meine teuern geprüften Freunde auf's treulichste zu grüßen und mich ihrem ferneren Wohlwollen angelegentlichst zu empfehlen. Und so nehmen Sie denn auch, teuerste Freundin, zu meinem Gedächtnis einige Exemplare, die ich in der Hoffnung sende, daß in Ihrem lieben Kreise noch die herzlichen Gesinnungen obwalten, die bei mir unverändert lebendig geblieben sind.

1827

Goethe an Amalie von Levetzow,
Weimar, 29. August

Sogleich nach Empfang Ihres lieben und liebenswürdigen Briefes, meine teuerste Freundin, bereite ich mich dafür zu danken, da ich Sie noch in Karlsbad weiß. Unvergeßlich gewiß sind die von Ihnen so lebhaft bezeichneten Tage! Die Anmut jener Zustände war von der Art daß sie uns immer gegenwärtig bleiben müssen; wie die Sommertage eintreten wünsch ich sie jedesmal wiederholt und auch in der Zwischenzeit werden meine Gedanken und Erinnerungen oft genug in Ihre Nähe geführt. Diesmal haben mich schon wiederkehrende Freunde von Ihrem Wohlbefinden unterrichtet, aber leider nur oberflächlich, nicht näher wie ich wünschte. Gestehen will ich denn auch daß gerade diesen Sommer wo ich das Marienbader Gestein abermals durchsah und ordnete, mir jene schönen Stunden wieder auf's lebhafteste hervortraten, als die lieben Freundinnen sogar der starren Neigung des Bergkletterers und Steinklopfers freundlichst zulächelten und auch liebenswürdig auflachten wenn die duftenden, genießbaren Tafelförmigen Kristallisationen sich hie und da eingereihet fanden.

Unendlich hat es mich gefreut auch von Ulrikens lieber, zarter Hand einige Züge geneigten Erinnerns zu sehen. Wie glücklich waren die Stunden die ich an ihren holden Fingern abzählen durfte.

Die sonst so genannte liebe Kleine möcht ich nun auch herangewachsen, unter den Augen der guten Mutter ausgebildet sehen. Der neckischen Mittleren, der ich zu ihrem gegenwärtigen ernsten Zustand alles Glück wünsche bin ich noch zum Ehrentage etwas Freundliches schuldig das nicht ausbleiben wird.

Meine nachsichtigen Lieben nehmen mich ja wie ein in Reifen geschloßnes Gefäß, ruht es auch im Finstern ganz im Stillen, so verbessert sich doch sein Inhalt. Möge es mir gelingen von Zeit zu Zeit hievon Beweise zu geben.

Das mit Namen und Andenken so reich verzierte Glas steht mir immer zur Seite verwahrt, nur bei ganz besondern Gelegenheiten wird es hervorgenommen, und gibt mir jederzeit den erfreulichsten Anblick. Wenn Sie den Ort verändern haben Sie die Güte mir es anzuzeigen.

1828

Goethe an Ottilie von Goethe, Weimar, 27. Juni

Siehst du Bertha Levetzow wieder, so sei ihr freundlich; drei Jahre meines Lebens durch spielt sie eine artige Person mit in dem Drama, das ich mir immer noch gern zurückrufe.

1829

Goethe an Amalie von Levetzow, Weimar, 2. September

Ein gleiches Wohlwollen und Neigung auszudrükken geschieht nun auch durch die baldige frohe Nachricht, die Sie mir von dem glücklichen Ereignis geben, das Ihre, mir so werte Familie nochmals erfreut hat. Möge diese kleine Nachkommenschaft wachsen, blühen und, unter liebevoller Sorge, sich zur Freude der nächsten Mitwelt heranbilden. Empfehlen Sie mich dem werten Elternpaare; da ich denn zugleich aufrichtigst wünsche, daß Fräulein Ulrike sich aus diesen Zeilen den treulichsten Gruß herausnehmen möge! wie ich denn nicht zweifle daß die Jüngste den Geschwistern in Liebenswürdigkeit werde nachgeeifert haben.

Adolf von Harnack: Meine Zeitgenossen aus dem 18. Jahrhundert

... mit Goethe war sie [Frau Platzmann-Preuße] in Marienbad und hatte die Episode mit Ulrike v. Levetzow und die Spaziergänge auf der Promenade miterlebt – «wir alle merkten etwas, aber Ulrike merkte gar nichts» berichtete sie.

1830

Goethe an Carl Friedrich Zelter,
Weimar, 27. März

Eine geistreiche Dame sagte mir bei Gelegenheit jener leidenschaftlichen Elegie, die du mir so anmutig in meinen schlechten Zuständen vorlasest: ich möchte dem Frauenzimmer, das diese Elegie veranlaßt hat, irgend etwas zu Liebe tun, um meinen Anteil an einem so liebevollen Gedicht auszudrükken.

1831

Goethe an Amalie von Levetzow,
Ilmenau, 28. August

Heute, verehrte Freundin, auf dem Lande, freundlich veranstalteten Festlichkeiten ausweichend, stelle ich jenes Glas vor mich, das auf so manche Jahre zurückdeutet, und mir die schönsten Stunden vergegenwärtigt. Nach so wundersam unerfreulichen Schicksalen, welche über mich ergangen an denen Sie gewiß herzlichen Anteil genommen, wende ich mich wieder zu Ihnen und Ihren Lieben, einige Nachricht erbittend, die Versicherung aussprechend: Daß meine Gesinnungen unwandelbar bleiben.

treu angehörig J. W. v. Goethe.

Franz von Elsholtz: Ansichten und Umrisse
aus den Reise-Mappen zweier Freunde

… da öffnete sich ihm jedes Herz, und jedes Auge widerstrahlte das Feuer des seinigen; da war es, wo das seelenvollste von allen, begierig an seinen Lippen hangend, die unwiderstehliche Gewalt kund gab, welche der edle Sänger noch jetzt, wie in den Tagen der Jugend, über die Schönheit auszuüben verstand. Fräulein Ulrike von L[evetzow], durch ihre eigne jungfräuliche Neigung gegen den schönen Greis, noch mehr aber durch den feurigen Anteil bekannt, den ihr Liebreiz auch ihm abzugewinnen wußte, sie, die Zierde des kleinen Kreises, welcher dem merkwürdigen Schauspiele einer zärtlichen Annäherung zwischen 17 und 70 Jahren zum Zeugen diente, Fräulein von L[evetzow] also, Goethes unzertrennliche Gefährtin, seine Führerin und Stütze auf allen Wegen und Stegen, – sie war auch die eifrigste seiner Zuhörerinnen und der Gegenstand, an welchen der heitre und galante Teil der Unterhaltung sich zu richten pflegte.

Goethe: Trilogie der Leidenschaft

Meine sogenannte «Trilogie der Leidenschaft» dagegen ist ursprünglich nicht als Trilogie konzipiert, vielmehr erst nach und nach und gewissermaßen zufällig zur Trilogie geworden. Zuerst hatte ich, wie Sie wissen, bloß die «Elegie» als selbständiges Gedicht für sich. Dann besuchte mich die Szymanowska, die denselbigen Sommer mit mir in Marienbad gewesen war und durch ihre reizenden Melodien einen Nachklang jener jugendlich-seligen Tage in mir erweckte. Die Strophen, die ich dieser Freundin widmete, sind daher auch ganz im Versmaß und Ton jener «Elegie» gedichtet und fügen sich dieser wie von selbst als versöhnender Ausgang. Dann wollte Weygand eine neue Ausgabe meines «Werther» veranstalten und bat mich um eine Vorrede, welches mir denn ein höchst willkommener Anlaß war, mein Gedicht «An Werther» zu schreiben. Da ich aber immer noch einen Rest jener Leidenschaft im Herzen hatte, so gestaltete sich das Gedicht wie von selbst als Introduktion zu jener «Elegie». So kam es denn, daß alle drei jetzt zusammenstehenden Gedichte von demselbigen liebesschmerzlichen Gefühle durchdrungen worden und jene «Trilogie der Leidenschaft» sich bildete, ich wußte nicht wie.

Goethe zu Eckermann, 1. Dezember 1831

An Werther

Noch einmal wagst du, vielbeweinter Schatten,
Hervor dich an das Tageslicht,
Begegnest mir auf neu beblümten Matten
Und meinen Anblick scheust du nicht.
Es ist als ob du lebtest in der Frühe,
Wo uns der Tau auf Einem Feld erquickt,
Und nach des Tages unwillkommner Mühe
Der Scheidesonne letzter Strahl entzückt;
Zum Bleiben ich, zum Scheiden du, erkoren,
Gingst du voran – und hast nicht viel verloren.

Des Menschen Leben scheint ein herrlich Los:
Der Tag, wie lieblich, so die Nacht, wie groß!
Und wir gepflanzt in Paradieses Wonne,
Genießen kaum der hocherlauchten Sonne,
Da kämpft sogleich verworrene Bestrebung
Bald mit uns selbst und bald mit der Umgebung;
Keins wird vom andern wünschenswert ergänzt,
Von außen düstert's, wenn es innen glänzt,
Ein glänzend Äußres deckt mein trüber Blick,
Da steht es nah – und man verkennt das Glück.

Nun glauben wir's zu kennen! Mit Gewalt
Ergreift uns Liebreiz weiblicher Gestalt:
Der Jüngling, froh wie in der Kindheit Flor
Im Frühling tritt als Frühling selbst hervor,
Entzückt, erstaunt, wer dies ihm angetan?

Er schaut umher, die Welt gehört ihm an.
In's Weite zieht ihn unbefangene Hast,
Nichts engt ihn ein, nicht Mauer, nicht Palast;
Wie Vögelschar an Wäldergipfeln streift,
So schwebt auch er, der um die Liebste schweift.
Er sucht vom Äther, den er gern verläßt,
Den treuen Blick und dieser hält ihn fest.

Doch erst zu früh und dann zu spat gewarnt,
Fühlt er den Flug gehemmt, fühlt sich umgarnt,
Das Wiedersehn ist froh, das Scheiden schwer,
Das Wieder-Wiedersehn beglückt noch mehr
Und Jahre sind im Augenblick ersetzt;
Doch tückisch harrt das Lebewohl zuletzt.

Du lächelst, Freund, gefühlvoll wie sich ziemt:
Ein gräßlich Scheiden machte dich berühmt;
Wir feierten dein kläglich Mißgeschick,
Du ließest uns zu Wohl und Weh zurück;
Dann zog uns wieder ungewisse Bahn
Der Leidenschaften labyrinthisch an;
Und wir verschlungen wiederholter Not,
Dem Scheiden endlich – Scheiden ist der Tod!
Wie klingt es rührend wenn der Dichter singt,
Den Tod zu meiden, den das Scheiden bringt!
Verstrickt in solche Qualen halbverschuldet
Geb' ihm ein Gott zu sagen was er duldet.

Elegie

Und wenn der Mensch in seiner Qual verstummt,
Gab mir ein Gott zu sagen was ich leide.

Was soll ich nun vom Wiedersehen hoffen,
Von dieses Tages noch geschloss'ner Blüte?
Das Paradies, die Hölle steht dir offen;
Wie wankelsinnig regt sich's im Gemüte! –
Kein Zweifeln mehr! Sie tritt an's Himmelstor,
Zu Ihren Armen hebt sie dich empor.

So warst du denn im Paradies empfangen
Als wärst du wert des ewig schönen Lebens;
Dir blieb kein Wunsch, kein Hoffen, kein Verlangen,
Hier war das Ziel des innigsten Bestrebens,
Und in dem Anschaun dieses einzig Schönen
Versiegte gleich der Quell sehnsüchtiger Tränen.

Wie regte nicht der Tag die raschen Flügel,
Schien die Minuten vor sich her zu treiben!
Der Abendkuß, ein treu verbindlich Siegel:
So wird es auch der nächsten Sonne bleiben.
Die Stunden glichen sich in zartem Wandern
Wie Schwestern zwar, doch keine ganz den andern.

Der Kuß der letzte, grausam süß, zerschneidend
Ein herrliches Geflecht verschlungner Minnen.
Nun eilt, nun stockt der Fuß die Schwelle meidend,
Als trieb ein Cherub flammend ihn von hinnen;
Das Auge starrt auf düstrem Pfad verdrossen,
Es blickt zurück, die Pforte steht verschlossen.

Und nun verschlossen in sich selbst, als hätte
Dies Herz sich nie geöffnet, selige Stunden
Mit jedem Stern des Himmels um die Wette
An ihrer Seite leuchtend nicht empfunden;
Und Mißmut, Reue, Vorwurf, Sorgenschwere
Belasten's nun in schwüler Atmosphäre.

Ist denn die Welt nicht übrig? Felsenwände
Sind sie nicht mehr gekrönt von heiligen Schatten?
Die Ernte reift sie nicht? Ein grün Gelände
Zieht sich's nicht hin am Fluß durch Busch und Matten?
Und wölbt sich nicht das überweltlich Große
Gestaltenreiche, bald gestaltenlose?

Wie leicht und zierlich, klar und zart gewoben,
Schwebt, Seraph gleich, aus ernster Wolken Chor,
Als glich es ihr, am blauen Äther droben,
Ein schlank Gebild aus lichtem Duft empor:
So sahst du sie in frohem Tanze walten
Die Lieblichste der lieblichsten Gestalten.

Doch nur Momente darfst dich unterwinden
Ein Luftgebild statt ihrer fest zu halten;
In's Herz zurück, dort wirst du's besser finden,
Dort regt sie sich in wechselnden Gestalten;
Zu Vielen bildet Eine sich hinüber,
So tausendfach, und immer immer lieber.

Wie zum Empfang sie an den Pforten weilte
Und mich von dannauf stufenweis beglückte;
Selbst nach dem letzten Kuß mich noch ereilte,
Den letztesten mir auf die Lippen drückte:
So klar beweglich bleibt das Bild der Lieben,
Mit Flammenschrift, in's treue Herz geschrieben.

In's Herz, das fest wie zinnenhohe Mauer
Sich ihr bewahrt und sie in sich bewahret,
Für sie sich freut an seiner eignen Dauer,
Nur weiß von sich, wenn sie sich offenbaret,
Sich freier fühlt in so geliebten Schranken
Und nur noch schlägt, für alles ihr zu danken.

War Fähigkeit zu lieben, war Bedürfen
Von Gegenliebe weggelöscht, verschwunden;
Ist Hoffnungslust zu freudigen Entwürfen,
Entschlüssen, rascher Tat sogleich gefunden!
Wenn Liebe je den Liebenden begeistet,
Ward es an mir auf's lieblichste geleistet;

Und zwar durch sie! – Wie lag ein innres Bangen
Auf Geist und Körper, unwillkommner Schwere:
Von Schauerbildern rings der Blick umfangen
Im wüsten Raum beklommner Herzensleere;
Nun dämmert Hoffnung von bekannter Schwelle,
Sie selbst erscheint in milder Sonnenhelle.

Dem Frieden Gottes, welcher euch hienieden
Mehr als Vernunft beseliget – wir lesen's –
Vergleich' ich wohl der Liebe heitern Frieden
In Gegenwart des allgeliebten Wesens;
Da ruht das Herz und nichts vermag zu stören
Den tiefsten Sinn, den Sinn ihr zu gehören.

In unsers Busens Reine wogt ein Streben,
Sich einem höhern, reinern, unbekannten,
Aus Dankbarkeit freiwillig hinzugeben,
Enträtselnd sich den ewig Ungenannten;
Wir heißen's: fromm sein! – Solcher seligen Höhe
Fühl' ich mich teilhaft, wenn ich vor ihr stehe.

Vor ihrem Blick, wie vor der Sonne Walten,
Vor ihrem Atem, wie vor Frühlingslüften,
Zerschmilzt, so längst sich eisig starr gehalten,
Der Selbstsinn tief in winterlichen Grüften;
Kein Eigennutz, kein Eigenwille dauert,
Vor ihrem Kommen sind sie weggeschauert.

Es ist als wenn sie sagte: «Stund um Stunde
Wird uns das Leben freundlich dargeboten,
Das Gestrige ließ uns geringe Kunde,
Das Morgende, zu wissen ist's verboten;
Und wenn ich je mich vor dem Abend scheute,
Die Sonne sank und sah noch was mich freute.

Drum tu' wie ich und schaue, froh verständig,
Dem Augenblick in's Auge! Kein Verschieben!
Begegn' ihm schnell, wohlwollend wie lebendig,
Im Handeln sei's, zur Freude, sei's dem Lieben;
Nur wo du bist sei alles, immer kindlich,
So bist du alles, bist unüberwindlich.»

Du hast gut reden, dacht' ich, zum Geleite
Gab dir ein Gott die Gunst des Augenblickes.
Und jeder fühlt an deiner holden Seite
Sich Augenblicks den Günstling des Geschickes;
Mich schreckt der Wink von dir mich zu entfernen,
Was hilft es mir so hohe Weisheit lernen!

Nun bin ich fern! Der jetzigen Minute
Was ziemt denn der? Ich wüßt' es nicht zu sagen;
Sie bietet mir zum Schönen manches Gute,
Das lastet nur, ich muß mich ihm entschlagen;
Mich treibt umher ein unbezwinglich Sehnen,
Da bleibt kein Rat als grenzenlose Tränen.

So quellt denn fort! und fließet unaufhaltsam;
Doch nie geläng's die innre Glut zu dämpfen!
Schon rast's und reißt in meiner Brust gewaltsam,
Wo Tod und Leben grausend sich bekämpfen.
Wohl Kräuter gäb's, des Körpers Qual zu stillen;
Allein dem Geist fehlt's am Entschluß und Willen,

Fehlt's am Begriff: wie sollt' er sie vermissen?
Er wiederholt ihr Bild zu tausendmalen.
Das zaudert bald, bald wird es weggerissen,
Undeutlich jetzt und jetzt im reinsten Strahlen;
Wie könnte dies geringstem Troste frommen,
Die Ebb' und Flut, das Gehen wie das Kommen?

Verlaßt mich hier, getreue Weggenossen!
Laßt mich allein am Fels, in Moor und Moos;
Nur immer zu! euch ist die Welt erschlossen,
Die Erde weit, der Himmel hehr und groß;
Betrachtet, forscht, die Einzelheiten sammelt,
Naturgeheimnis werde nachgestammelt.

Mir ist das All, ich bin mir selbst verloren,
Der ich noch erst den Göttern Liebling war;
Sie prüften mich, verliehen mir Pandoren,
So reich an Gütern, reicher an Gefahr;
Sie drängten mich zum gabeseligen Munde,
Sie trennen mich, und richten mich zu Grunde.

Aussöhnung

Die Leidenschaft bringt Leiden! – Wer beschwichtigt
Beklommnes Herz das allzuviel verloren?
Wo sind die Stunden, überschnell verflüchtigt?
Vergebens war das Schönste dir erkoren!
Trüb' ist der Geist, verworren das Beginnen;
Die hehre Welt wie schwindet sie den Sinnen!

Da schwebt hervor Musik mit Engelschwingen,
Verflicht zu Millionen Tön' um Töne,
Des Menschen Wesen durch und durch zu dringen,
Zu überfüllen ihn mit ew'ger Schöne:
Das Auge netzt sich, fühlt im höhern Sehnen
Den Götter-Wert der Töne wie der Tränen.

Und so das Herz erleichtert merkt behende
Daß es noch lebt und schlägt und möchte schlagen,
Zum reinsten Dank der überreichen Spende
Sich selbst erwidernd willig darzutragen.
Da fühlte sich – o daß es ewig bliebe! –
Das Doppel-Glück der Töne wie der Liebe.

Nachwort

von Jochen Klauß

Wenn ein Ereignis in Goethes Leben als «unerhörte Begebenheit» bezeichnet werden darf, dann gewiß seine folgenreiche Begegnung mit der siebzehnjährigen Ulrike v. Levetzow in den Karlsbader und Marienbader Sommermonaten der Jahre 1821 bis 1823. In ihr erlebte der Zweiundsiebzigjährige seine letzte Liebe, und ihr verdankt die deutsche Literatur einen Höhepunkt. Goethes «Trilogie der Leidenschaft», erwachsen aus diesem ungewöhnlichen Geschehen, gehört zu seinen reifsten Dichtungen und zählt darüber hinaus zu den schönsten lyrischen Werken der Weltliteratur.

Goethe hatte die Großeltern der Ulrike v. Levetzow, den Freiherrn Friedrich Leberecht v. Brösigke nebst Gattin, vielleicht bereits in Lauchstädt kennengelernt; der Freiherr war in Sachsen begütert. Die schöne Tochter Amalie, damals gerade fünfzehn, wurde 1803 an den großherzoglichen Hofmarschall J. Otto v. Levetzow in Schwerin vermählt, und bereits im Jahr darauf, am 4. Februar 1804, kam Ulrike zur Welt, zwei Jahre später die Schwester Amalie. Es war, mit diesen frühen Schwangerschaften, keine glückliche Ehe, und schon bald kam es zur Trennung. 1807 heiratete die neunzehnjährige Amalie einen gleichnamigen Vetter ihres ersten Gatten; dieser Friedrich von Levetzow fiel dann als Offizier in der Schlacht von Waterloo; beider gemeinsame Tochter Bertha war 1808 zur Welt gekommen.

Nur zwei Jahre später, 1810, traf Goethe die junge Frau, die mit 22 Jahren nun dreifache Mutter war, in Teplitz wieder. Die angedeuteten persönlichen Schicksale scheinen nicht spurlos an der kleinen und reizenden Amalie vorübergegangen zu sein; «zusammengegangen» kam sie Riemer vor, der seinen Herrn als Adlatus begleitete.

Elf Jahre vergingen, ehe Goethe die Levetzow, inzwischen Witwe, wiedersah. Es waren dies auch für ihn Jahre des Abschlusses, Jahre wichtiger Ereignisse und Jahre seines eigenen Alterns. Seine Frau Christiane war 1816 nach schwerer Krankheit gestorben, sein Sohn August, ein redlicher Beamter, aber im mächtigen Schatten des Übervaters, heiratete im Jahr darauf die exzentrische und träumerische Adlige Ottilie von Pogwisch. Die Enkel Walther und Wolfgang werden 1818 und 1820 geboren, eine neue Familie wächst um den alten Goethe heran.

Der hatte 1814 und 1815 ein letztes Mal die hessische Heimat besucht und am Rhein und Main neue, beglückende Erfahrungen gesammelt. In der klugen und anziehenden Marianne Jung, bald verheiratete von Willemer, begegnete dem über Sechzigjährigen – scheinbar letztmalig – eine Frau, die sein Wesen völlig einnahm und die als «Suleika» in seinem «Westöstlichen Divan» weiterlebt.

Mit der Schlacht von Waterloo fanden die politischen und militärischen Eruptionen der Napoleonischen Ära in Europa 1815 ihren endgültigen Abschluß; die Epoche der Metternichschen Restauration begann. Seine Exzellenz, der Wirkliche Geheime Rat von Goethe, reduzierte und konzentrierte seine amtliche Tätigkeit nach 1815 auf das im nunmehrigen Großherzogtum Sachsen-Weimar und Eisenach neugeschaffene Kulturressort: seit dem 12. Dezember 1815 Staatsminister, leitete er gemeinsam mit dem Ministerkollegen und Freund Christian Gottlob von Voigt die «Oberaufsicht über die unmittelbaren Anstalten für Wissenschaft und Kunst» im Lande.

Im Jahre 1817 wird Goethe durch eine Intrige der Mätresse des Großherzogs Carl August, Caroline Jagemann, geadelte Freifrau von Heygendorf, von der Theaterleitung entbunden, und bei Cotta erscheint zwischen 1815 und 1819 eine Gesamtausgabe seiner Werke. 1819 wird der gebürtige Weimarer August von Kotzebue, einer der erfolgreichsten Theaterdichter seiner Zeit, in Mannheim von dem Jenenser Studenten Sand erdolcht; die sogenannten «Karlsbader Beschlüsse» leiten die frostige Phase der europäischen Restauration ein.

Goethe, der seinen 70. Geburtstag 1819 im Reisewagen zwischen Asch und Karlsbad begeht, ist inzwischen mit vier hohen Orden europäischer Herrscherhäuser dekoriert: Ritter und Offizier der Französischen Ehrenlegion, Träger des Österreichisch-Kaiserlichen Leopoldordens, des russischen St. Annenordens und des Sachsen-Weimarischen

Hausordens der Wachsamkeit oder vom Weißen Falken. Ein Leben scheint gelebt, ein Lebenswerk vollbracht; allein noch den naturwissenschaftlichen und poetischen Projekten lebt der rüstige Alte vom Weimarer Frauenplan.

Die Zeit der großen Reisen ist vorbei; nur der sommerliche Badeaufenthalt im geliebten Böhmen sieht den berühmten Mann noch außerhalb des jena-weimarischen Arbeits- und Bekanntenkreises.

Auch im Jahre 1821 weilt Goethe wieder in Böhmen. Ende Juli nimmt er erstmalig Quartier im jungen Kurort Marienbad. Das noch nicht ganz fertiggestellte, große Haus des Grafen von Klebelsberg, das der ihm bekannte Freiherr von Brösigke verwaltet, nimmt ihn auf. Ein umfänglicher Bericht an den fürstlichen Freund in Weimar lockt auch diesen zwei Jahre später in das gastliche Ambiente. Goethe selbst fühlt sich 1821 ausgesprochen wohl und behaglich, trotz zeitweiligen schlechten Wetters. Von lockerer Konversation ist die Rede, er tanzt auf Bällen, wirkt gelöst und frei.

Aus dem Straßburger Internat kommt die siebzehnjährige Ulrike von Levetzow in das Haus ihres Großvaters. Bereits im August 1821 erwähnt Goethe brieflich die «artige Ulrike», die seinem Auge und Sinn sofort aufgefallen zu sein scheint. Der elsässisch gefärbte Akzent des Mädchens – hat er den Zweiundsiebzigjährigen vielleicht an längst versunkene Sesenheimer Tage, an die bezaubernde Jugendliebe

Das v. Brösigke'sche Haus in Marienbad,
später Hotel «Weimar»

zu Friederike Brion erinnert? Wir wissen es nicht, wohl aber, daß er von dem stillen Mädchen «mit einigem Bedauern» scheidet. Ein Funke scheint gelegt, der bis zum Folgejahr weiter glimmt.

Am 19. Juni 1822 trifft Goethe erneut in Marienbad ein. Auch die Familie von Levetzow, diesmal Mutter und alle drei Töchter, ist anwesend. Der Kontakt wird enger, freundlicher, intensiver. Selbst ein Polizei- und Spitzelbericht an den österreichischen Minister, Grafen von Kolowrat in Wien, hält es für bedeutsam zu erwähnen, daß des sachsen-weimarischen Ministers Goethe Interessen nicht allein auf das Mineralogisieren, sondern auch auf das häufige Zusammensein mit dem ältesten Fräulein von Levetzow gerichtet seien, die dem alten Herrn «mit Gesang» und Scherz seine Stunden verkürze.

Wieder fühlte sich Goethe glücklich; der Funke hatte die Zündschnur erreicht, der Brand schwelte heißer und heißer.

Einen Tag nach seinem 73. Geburtstag kehrte Goethe zurück nach Weimar. Im Januar 1823 erwiderte er einen Brief von Ulrike, «seiner treuen schönen Tochter»; die sehnsüchtige Hoffnung auf ein sommerliches Wiedersehen in Marienbad klingt zwischen den Zeilen deutlich an.

Im Februar und März 1823 tritt ein Ereignis ein, das für die weitere Entwicklung der Romanze nicht unwichtig sein dürfte: Goethe erkrankt lebensgefährlich an einer Herzbeutelentzündung. Nur allmählich bessert sich sein Zustand; Freunde und

Die Familie v. Levetzow mit (v.l.n.r.)
Amalie, Mutter Amalia, Ulrike und Bertha

Ärzte raten dem Rekonvaleszenten, die heilsame böhmische Kur im Sommer zu nutzen.

Am 26. Juni 1823 reist Goethe von Weimar ab, am 2. Juli trifft er in Marienbad ein und wohnt in der «Goldenen Traube» gegenüber Brösigkes. Neun Tage später langt dort die Familie von Levetzow an.

Die psychische Verfassung des zum Leben Wiedererweckten, der noch wenige Monate zuvor auf den Tod darniederlag, die liebgewordene Umgebung, die anregende, mondäne Gesellschaft, das herrliche Sommerwetter bilden fortan die helle Folie, das sympathetische Umfeld, vor dem allein erklärbar wird, was in den folgenden Tagen und Wochen beginnt, besser: fortgesetzt wird und sich zu ungeahnten Höhen und Tiefen hinauf- und hinabarbeitet, gewiß überraschend für alle unmittelbar Beteiligten: ein unerwartet-ungeahntes, allumfassendes Liebesgefühl des Vierundsiebzigjährigen für die Neunzehnjährige.

Im innigen, freundschaftlich-vertrauten Verkehr mit der Familie Levetzow vergehen Goethes Tage mit gemeinsamem Frühstückstisch, Spaziergängen, mit Mittagstafel, abendlichem Souper, mit Musik, Tanz und Ball. Eine Euphorie ohnegleichen ergreift den Greis, die beängstigende Formen annimmt. Ulrike ist ins Zentrum seines Seins getreten, die lange glimmende Schnur hat die Pulverladung erreicht und eine heftige Erschütterung der Gefühle verursacht.

Nur mühsam hält das sachliche Tagebuch die vibrierenden Emotionen verborgen. Knappe Eintra-

Ulrike (sitzend) mit ihrer Schwester Bertha

gungen über die «Familie», «Kinder», «Töchter» und «Schwestern» meinen doch immer nur eines: Ulrike, Ulrike, Ulrike. Die Heftigkeit der Gefühle kann bei dem kaum Genesenen nicht ohne Folgen bleiben, zumal das alles beherrschende Empfinden für das liebreizende Mädchen von langsam aufziehenden, dunkel-drohenden Wolken überschattet wird: das Tagebuch erwähnt die Arbeit an der Erzählung «Der Mann von 50 Jahren», die eine unglückliche Liebe zwischen Ungleichaltrigen behandelt – vielleicht erste Ahnungen der unvermeidlichen Katastrophe.

Den Bekannten und Freunden in Marienbad, tagtäglich Zeugen des außergewöhnlichen Geschehens, bleibt nichts verborgen. Großherzog Carl August, in Liebessachen noch hellhöriger als sonst, führt bereits am 7. August ein Gespräch mit seinem alten Freunde – auf wessen Veranlassung hin, bleibt unklar –, bei dem eine «Verlobung aus dem Stegreife besprochen» wird. Als der gleichfalls anwesende Weimarer Arzt Rehbein, seinerseits zweimal verheiratet, in gelöst-abendlicher Gesellschaft, völlig überraschend, seine dritte Braut vorstellt, ist Goethe psychisch überfordert und erstmals am Ende. Eine «schlimme Nacht» kündet von der dramatischen Gefühlslage des Verliebten. In den nächsten Tagen muß Goethe wiederholt den Badearzt Dr. Heidler aufsuchen; sein Zustand wirkt hochgradig erregt. Alle merkten etwas, erinnert sich viele Jahre später eine Marienbader Augenzeugin; «aber Ulrike merkte gar nichts».

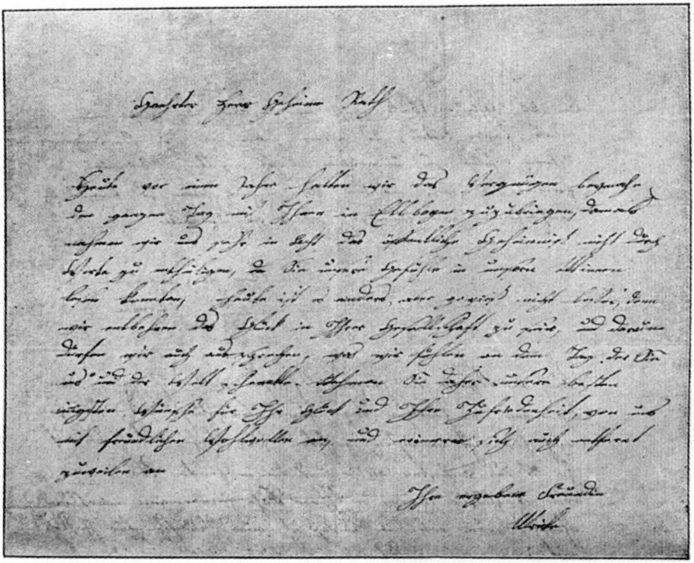

Ulrikes Handschrift in einem Brief an Goethe

Überhaupt wird bereits zu diesem Zeitpunkt von Goethes Zuständen in den Quellen sehr viel, von Ulrikes Befindlichkeit so gut wie nichts berichtet.

Die Kunde vom «unerhörten Ereignis» – kein Wunder, ging es doch um Goethe! – verbreitete sich wie ein Lauffeuer. Schon am 12. August vermeldete Caroline von Humboldt aus dem benachbarten Karlsbad, es gehe seit einer Woche (!) die Mär um, Goethe habe die älteste Levetzow geheiratet. Der wiederum trug selbst dazu bei, daß erste, dunkle Gerüchte in Weimar zu kursieren begannen, denn seine Briefe an die Schwiegertochter Ottilie und deren Schwester Ulrike von Pogwisch enthielten mehrfach orakelhafte Andeutungen und namensbezogene (Ulrike!) Wortspiele, die beide Frauen schnell hellhörig werden ließen.

Indessen ging das äußerlich lustige und unbeschwerte Marienbader Leben weiter: «es wurde gehupft und galoppirt wie immer», steht im Tagebuch, und die musikalischen Genüsse, welche die mittlerweile angereiste polnische Pianistin Marie Szymanowska – selbst eine bezaubernde Frau – Goethe darbot, trugen weiter zu seiner gespannten Stimmung bei.

Am 17. August reisten die Levetzows nach Karlsbad ab; der Abschied fiel leicht, denn gemeinsame weitere «Plane» waren längst besprochen, nach denen Goethe wenige Tage später folgen wollte. Am 19. August war jedoch zunächst wieder eine «Consultation mit Dr. Heidler» notwendig, der seinen Patienten sogar zur Ader lassen mußte.

Am 20. August reiste auch Goethe von Marienbad ab. Über Eger, von wo aus am Folgetag bereits ein «ungeduldiger» Brief an Ulrike vorausgeschickt wurde, fuhr er gleichfalls nach Karlsbad, das er am 25. August erreichte. Nicht im traditionellen Quartier, den «Drei Mohren», sondern im «Goldenen Strauß», eine Etage über den Levetzows, nahm Goethe diesmal sein Domizil. «Schönes Quartier, schöne Aussicht», heißt es vieldeutig im Tagebuch. Der letzte Teil des dramatischen Geschehens konnte seinen Lauf nehmen. Noch einmal sind die kurzweiligen Tage angefüllt von glücklichem Beisammensein mit der Familie, mit der Geliebten.

Den Höhepunkt bringt der 28. August, Goethes Geburtstag. Eine gemeinsame Kutschfahrt nach Elbogen, in höchster Harmonie mit den Levetzows verbracht, wird in der Erinnerung aller Beteiligten fortleben. Es herrscht scherzhaftes Stillschweigen

unter den Frauen zu Goethes Geburtstag, obwohl natürlich alle davon wissen. Ulrike beschrieb später die allerliebste Szene, die sich in Elbogen abspielte, bei der ihre Mutter das schöne Kristallglas mit den eingeschliffenen Namen und dem Datum während des Essens an Goethe überreichte: als Erinnerung «des heutigen schönen Beisammenseins». Erst beim abendlichen Eintreffen in Karlsbad, wo der Jubilar von zahlreichen Gratulanten erwartet wurde, durfte der Geburtstag offiziell zur Kenntnis genommen werden. Fortan galt dieser 28. August 1823 zwischen ihnen als «Tag des öffentlichen Geheimnisses».

Im Umfeld dieses wichtigen Tages – wann genau, ist nicht exakt feststellbar – kam es auch zu dem ominösen Vorstoß des anwesenden Großherzogs Carl August. Als «Freiwerber» für Goethe – so erinnerte sich Ulrike – sei er bei ihrer Mutter erschienen und habe das Angebot einer Heirat unterbreitet, verbunden mit den verlockendsten Konditionen: die Einrichtung eines Hauses in Weimar für die Familie, eine ehrenvolle Hofdamenstelle und eine jährliche Pension von 10.000 Talern für Ulrike nach Goethes Ableben. Ulrike selbst habe, nach ernstem Gespräch mit der Mutter, aus Rücksicht auf die Familie des Bewerbers, abgelehnt; auch liebe sie Goethe nur «wie einen Vater». «Goethe selbst sprach nie darüber, weder mit meiner Mutter noch mit mir», stellte sie später fest.

So war diese heikle Frage zwischen den Hauptakteuren endgültig geklärt worden, und die Gewißheit darüber dürfte Goethes schwere Resignation entschieden verstärkt haben. Allerdings bleibt bis heute zu rätseln, ob der Vierundsiebzigjährige, wenn denn eine positive Antwort der Familie Levetzow erfolgt wäre, tatsächlich einen solch weitreichenden Schritt getan hätte. Allein schon die Wirkung des Gerüchts zeigte deutlich, welche Wirbel dadurch ausgelöst worden wären.

Das äußere Geschehen in Karlsbad wurde von keinem Mißklang gestört. Bis zum Abschied am 5. September herrschte tiefe Harmonie. Die Trennung vollzog sich dann schnell und etwas «tumultuarisch». Goethe war sich zweifellos bewußt, daß an diesem Tage etwas Endgültiges geschehen war. Was den Menschen, den Mann Goethe nur mühsam seine Fassung wahren ließ, hatte längst den Dichter in ihm geweckt:

«Und wenn der Mensch in seiner Qual verstummt,
Gab mir ein Gott zu sagen was ich leide.»

Auch Goethe reist am 5. September ab. In den folgenden Tagen, unterwegs in der Reisekutsche, wird jene Dichtung ausgearbeitet und abends, in den Poststationen und Gasthäusern zwischen Karlsbad und Jena, aufgeschrieben, die als «Marienbader Elegie» bekannt werden sollte. Tägliche Tagebucheintragungen zum «Gedicht» belegen, wie sorgfältig der Dichter arbeitet, wie er immer wieder das Notierte durchgeht, «mundiert», Bemerkungen einfügt, streicht, ergänzt, feilt und bessert. Am 19. September 1823, längst zu Hause in Weimar, ist die sorgfältige «Abschrift des Gedichts vollendet».

Wie bevorzugt er diese einzige Handschrift auch im Formalen behandelt, damit das Außergewöhnliche dieses Textes betonend, wird noch zur Sprache kommen.

Am 13. September war der Reisende in Jena eingetroffen. Der Epilog des Dramas, weniger erfreulich als das Vorhergehende, mußte beginnen; die Goethesche Familie bildete die Szene. Die Briefe des Sohnes August an seine Frau Ottilie lassen ahnen, in welcher hellen Aufregung sich mittlerweile die Daheimgebliebenen in Weimar befanden. Auch im Bekannten- und Freundeskreis der Residenzstadt brummte und summte es ob der Marienbader und Karlsbader Hiobsnachrichten. Es ist charakteristisch für das Provinz- und Klatschnest Weimar, daß die weiteren Ereignisse im Haus am Frauenplan indiskret und geschwätzig, mit Häme oder auch ehrlich anteilnehmend, weitergegeben wurden. Natürlich ist der eloquente Kanzler von Müller unter dieser bunten Beiträgerschar zu finden, aber auch Jenenser, vom anderen Ende der «Doppelstadt», sind dabei.

Im Goetheschen Hause dürften sich unerfreuliche Szenen abgespielt haben. Vor allem Sohn August, aber auch die Schwiegertochter Ottilie, die sich anfangs gar nicht sehen ließ, und auch ihre Schwester Ulrike von Pogwisch müssen dem alten Herrn wegen seiner Marienbader «Romanze» hart zugesetzt haben. Besonders August, der seine und seiner Frau Stellung im Hause angegriffen oder zumindest gefährdet sah, wird den Vater bedrängt haben. Was ihn betrifft, so wurde die alte neidvoll-boshafte Ableh-

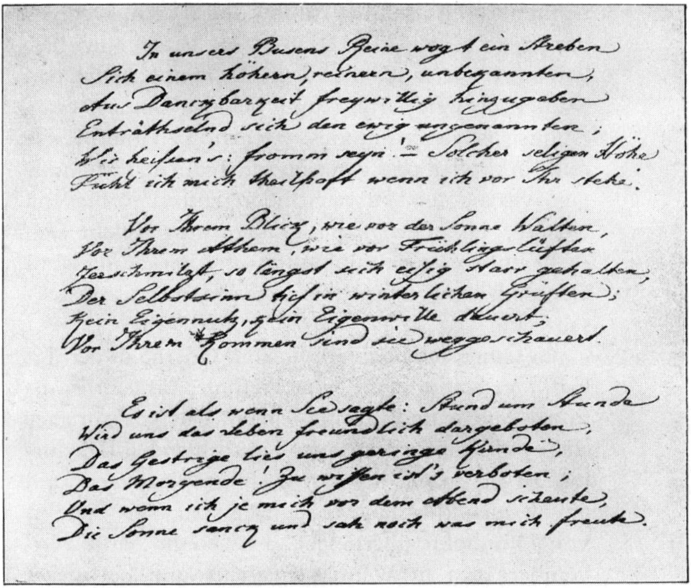

In unsers Busens Reine wogt ein Streben
Sich einem höhern, reinern, unbekannten,
Aus Dankbarkeit freywillig hinzugeben
Enträthselnd sich den ewig ungenannten;
Wir heißen's: fromm seyn! — Solcher seligen Höhe
Fühl' ich mich theilhaft wenn ich vor Ihr stehe.

Vor Ihrem Blick, wie vor der Sonne Walten,
Vor Ihrem Athem, wie vor Frühlingslüften
Zerschmilzt, so längst sich eisig starr gehalten,
Der Selbstsinn tief in winterlichen Grüften;
Kein Eigennutz, kein Eigenwille dauert,
Vor Ihrem Kommen sind sie weggeschauert.

Es ist als wenn Sie sagte: Stund um Stunde
Wird uns das Leben freundlich dargeboten,
Das Gestrige ließ uns geringe Kunde,
Das Morgende! Zu wissen ist's verboten;
Und wenn ich je mich vor dem Abend scheute,
Die Sonne sank und sah noch was mich freute.

Johann Wolfgang v. Goethe
Aus der Reinschrift der «Marienbader Elegie» (1823)

nung, die seine Mutter Christiane erfahren hatte, von der sogenannten besseren Weimarer Gesellschaft ohnehin gern und schnell auf ihn übertragen, wenn es darum ging, dadurch das Bild des Vaters aufzuhellen. 1823 war es so, und die z. B. vom Kanzler von Müller notierte «rohe und lieblose Sinnesweise» Augusts ist also zumindest vorsichtig zu interpretieren. Im großen und ganzen freilich dürften Meinungen wie die der Witwe Schillers zutreffen, die von einer «egoistischen Familie» sprachen, welche sich «sehr unfein» benehme und nicht vor «kleinlich(en) Gemeinheiten» gegenüber dem Alten zurückschrecke.

In seiner eigenen Familie fand Goethe in der Tat kaum Verständnis für seine Gefühle, für sein Empfinden und seine Empfindlichkeit. Das war am ehesten noch von Freunden, von mitfühlenden Bekannten zu erwarten. Die menschlich wärmsten und gewiß auch klügsten Worte dazu sind von Wilhelm von Humboldt überliefert, der Goethe Mitte November 1823 in Weimar besuchte und bei dieser Gelegenheit die «Elegie» zu lesen bekam.

Nicht nur die Stimmung des Gedichts wußte Humboldt trefflich zu charakterisieren, auch Goethes Verhältnis zu Ulrike hat er wohl am besten erfaßt: Dieser sei noch sehr «mit den Marienbader Bildern beschäftigt ..., allein mehr, wie ich ihn kenne, mit der Stimmung, die dadurch in ihm aufgegangen ist, und mit der Poesie, mit der er sie umsponnen hat, als mit dem Gegenstand selbst». Auch er vermerkte den schmerzhaften Gegensatz, den Goethe, noch voller glücklicher böhmischer Eindrücke, in seinem eigenen häuslichen Umkreis verarbeiten mußte. Hier rührte Humboldt leise an Goethes Vereinsamung in Weimar, ein kardinales Problem überhaupt.

Der Besuch der Marie Szymanowska und ihrer Schwester vom 24. Oktober bis zum 5. November in Weimar läßt das Glück der Marienbader und Karlsbader Wochen für Goethe noch einmal in aller Frische aufleben. Der Umgang mit den beiden liebenswerten Polinnen, der Rausch der musikalischen Genüsse, der gesellschaftliche Glanz dieses Besuchs führt zu einer Hochstimmung Goethes; «heiter und galant» sei er während dieser Zeit gewesen.

Der Schmerz beim Abschied von der Szymanowska wiederholt und steigert den Schmerz nach der Trennung von Ulrike. Die häuslichen Spannungen, seit Wochen ausgehalten und verdrängt, fordern nun ihren Tribut bei dem an sich schon sensiblen und hypochondrischen Goethe. Mit dem 6. November 1823 setzt ein schwerer Krampfhusten ein, der es ihm unmöglich macht, das Bett aufzusuchen. Zwei schwere Wochen, ängstlich ausgestanden und besorgt verfolgt von Freunden und Verehrern, verbringt er sitzend im Sessel; in diese Krankheitszeit fällt der Besuch Humboldts, des verständnisvollen Freundes; in diesen bösen Tagen besucht ihn auch der vertraute Freund Zelter, der ihm die «Elegie» mehrfach vorlesen muß; das spendet sichtlich Trost.

Das «Gedicht», wie Goethe seine «Marienbader Elegie» zunächst immer nennt, war sorgsam abgeschrieben und einer besonders weihevollen Form gewürdigt worden. Eckermann berichtet von starkem Velinpapier, der eigenhändigen lateinischen Schrift, von rotem Maroquin als Umschlag und einer Seidenschnur drumherum. Dieses Manuskript zum Lesen zu bekommen, seiner wert zu sein, bedeutete zweifellos eine außergewöhnliche Auszeichnung. Betrachtet man die Entstehungsgeschichte der «Trilogie der Leidenschaft», so wird deutlich, mit welch ungewöhnlichen Stimmungen und Zuständen ihres Schöpfers sie verbunden war: Das Gedicht «Aussöhnung», das Hohelied auf die harmonisierende Macht der Musik, entstand in Marienbad, zwischen dem 16. und 18. August 1823, auf dem Höhepunkt der hoffenden Liebe zu Ulrike. Es war Marie Szymanowska gewidmet, der Dichter hatte es in ihr Album geschrieben. Die «Elegie» selbst entsteht nach der Trennung von Ulrike; der Schmerz des auf ewig verlorenen Glücks verschlingt sich mit dem letztlich doch wieder tröstenden Gefühl des Einsseins von Mensch und Natur.

«An Werther» beendete Goethe im März 1824; das Gedicht sollte einer neuen Ausgabe seines Romans vorangestellt werden. Es ist dies die Zeit, da das unmittelbare Empfinden für Ulrike einer milderen, immer noch beglückenden Erinnerung in Goethes Brust zu weichen beginnt. Die Reihenfolge der Gedichte ergab sich damit wie von selbst. So schließt sich ein bemerkenswerter, ein lebensumfassender Kreis: von einem der ersten großen Liebesgefühle, dem für Charlotte Buff, das seinen literarischen

Ulrike v. Levetzow

Niederschlag im Werther-Roman fand, bis hin zum Marienbader Glückserlebnis mit Ulrike von Levetzow und dem fast tödlichen Trennungsschmerz läßt Goethe seine Gedanken und Gefühle ausgreifen. Fünfzig Jahre eines konfliktreichen, bewegten und bewegenden Künstlerlebens werden von den beiden Dichtungen abgesteckt.

Die Korrespondenz Goethes mit Amalie von Levetzow in den folgenden Jahren ist voller dankbarer Erinnerungen an die gemeinsam verbrachten, glücklichen Wochen und Tage in Böhmen. Ulrike erfährt verständlicherweise in diesen Briefen stets eine besondere Behandlung. Zu einem neuerlichen Zusammentreffen jedoch kommt es nicht, obwohl mehrfach Pläne geschmiedet oder zumindest erwogen werden. Seitens der Levetzows, so der Eindruck, wurde aber bewußt alles vermieden, was bei Goethe hätte neue Wunden aufreißen können, zumal die Ereignisse von 1823 bei Ulrike keine hinterlassen hatten. Auch war der Levetzowschen Familie nicht daran gelegen, dem seinerzeitigen Klatsch neue Nahrung zu geben. Selbst ein zufälliges Begegnen, von Goethe unbemerkt, ließen die Damen diskret verstreichen.

Goethe blieben die Erinnerungen und der «zierliche Becher». Dieser «Vertraute meiner Gedanken» – wie er vieldeutig schrieb –, mit dem sich «die süßen Namenszüge» seinen Lippen nähern konnten, bekam einen Ehrenplatz in seinem persönlichsten Bereich, dem Arbeitszimmer am Frauenplan. Regelmäßig zum 28. August, seinem Geburtstag, nahm er ihn

Schloß Trziblitz,
Wohnsitz von Ulrike v. Levetzow

Arbeitszimmer von Ulrike v. Levetzow auf Schloß Trziblitz

Blick in die von Ulrike gestiftete Spinnschule in Trziblitz. Ulrike und ihre Schwester Bertha, Unterricht erteilend

hervor. Auf der letzten Ausfahrt seines Lebens, der Reise nach Ilmenau und auf den Kickelhahn im August 1831, begleitete ihn dieses Marienbader Liebesgeschenk wie eine Reliquie, die heute noch im historischen Wohnhaus in Weimar, im kleinen Eßzimmer, aufbewahrt wird.

Auf Schloß Trziblitz in der Leitmeritzer Gegend, im auch von ihr über alles geliebten Böhmen, einem Gut, das sie über ihren Stiefvater, den Grafen Klebelsberg, in Besitz nehmen konnte, verbrachte Ulrike v. Levetzow den Großteil ihres Lebens. Es war ein harmonisches, diszipliniertes und gewiß glückliches Dasein, das die ledig Bleibende führte. Den Bewohnern des gleichnamigen Dorfes, das zum Schloß gehörte, und ihren Bediensteten war sie eine stets wohlwollende Herrin.

Sie blieb unvermählt, nicht weil sie Goethes «letzte Liebe», richtiger wohl: letzte Ausprägung seines Frauenideals gewesen war, sondern weil ihre «harmonische Natur keiner Ergänzung» bedurfte. Sie sammelte alte Graphiken und Bilder, liebte die Parforcejagd und ihre Haustiere und führte eine Spinnschule in Trziblitz. Eng lebte sie mit ihrer verwitweten Schwester Bertha und deren Familie zusammen, die das eine Fußstunde entfernte Schloß Netluk bewohnte.

Zeit ihres Lebens war Ulrike entrüstet, wenn ihre Beziehung zu Goethe 1823 als *amour* dargestellt wurde: «Der Goethe war mir eine Respectsperson», lautete dann ihr trocken-entschiedener Kommentar.

Den Zeitgenossen erschienen bereits um die Jahrhundertmitte die beiden Schwestern als «steinalte Damen in vorweltlicher Tracht», die einer längst verflossenen Zeit angehörten. Im Jahre 1887 übergab Ulrike v. Levetzow ihre Briefe von Goethe der Großherzogin Sophie von Sachsen. Andere Erinnerungsstücke und persönliche Gegenstände, die das Aussiger Stadtmuseum nach dem Ersten Weltkrieg in seinem «Goethe-Levetzow-Zimmer» bewahrte, scheinen zum Teil den Wirren der folgenden Jahrzehnte zum Opfer gefallen zu sein.

Ulrike v. Levetzow aber bleibt für immer verbunden mit der letzten und erstaunlichen «temporären Verjüngung» des 74jährigen Johann Wolfgang von Goethe.

Unterschrift der bejahrten Ulrike v. Levetzow

Die 90jährige Ulrike v. Levetzow,
die Briefe Goethes in Händen haltend

Anhang

Literatur

Biedermann/Herwig = Goethes Gespräche. Eine Sammlung zeitgenössischer Berichte aus seinem Umgang auf Grund der Ausgabe und des Nachlasses von Flodoard Freiherrn von Biedermann, ergänzt u. hrsg. v. Wolfgang Herwig. Bd. 1–5. Zürich u. Stuttgart: Artemis 1971/87.

Bode = Goethe in vertraulichen Briefen seiner Zeitgenossen. Zusammengestellt v. Wilhelm Bode. Bd. 1–3. Berlin u. Weimar: Aufbau-Verlag 1979.

Dietze = Treffliche Wirkungen. Anekdoten von und über Goethe. Hrsg. v. Anita u. Walter Dietze. Bd. 1. 2. Berlin u. Weimar: Aufbau-Verlag 1987.

Eckermann = Johann Peter Eckermann, Gespräche mit Goethe in den letzten Jahren seines Lebens. Hrsg. v. Regine Otto unter Mitarb. v. Peter Wersig. Berlin u. Weimar: Aufbau-Verlag 1982.

Fernau = Joachim Fernau, Goethes letzte Liebe. War es schön in Marienbad. Hildesheim: Claassen 1994.

Graff = Begegnung mit Ulrike. Komödie in 7 Bildern von Sigmund Graff. Berlin-Wilmersdorf: Felix Bloch Erben 1937.

Guth = Gustav Guth, Ulrike von Levetzow. Goethes letztes Frauenideal. Zum 100jährigen Gedenken. Zugleich eine Einführung in das Goethe-Levetzow-Zimmer des Aussiger Stadtmuseums, in: Sonderheft Nr. 2 der «Beiträge zur Heimatkunde des Aussig-Karbitzer Bezirkes». Aussig: Verlag der AG für Heimatforschung in Aussig 1923.

Haller = Arnold Haller von Raitenbuch, Goethe und Ulrike, in: Die Quelle. 9. Jg. Nr. 6/7 1937.

Hecht = Wolfgang Hecht, Allerlei freundliche Dinge. Geburtstagsgeschenke für Goethe. NFG Weimar 1985, S. 38–41 und 78.

Hora = Engelbert Hora, Goethe und Ulrike von Levetzow. Des Olympiers letzter Aufenthalt in Karlsbad vor 120 Jahren, in: Karlsbader Tageszeitung. 84. Jg. Nr. 196 v. 21./22. August 1943.

Kirschner = Adolf Kirschner, Erinnerungen an Goethes Ulrike und an die Familie von Levetzow-Rauch. Aussig: Kommissions-Verlag von August Grohmann 1904.

Lange = Bernhard Lange, Ulrike von Levetzow. Goethes letzte Liebe, in: Reclams Universum. H. 24. Leipzig, 12. März 1931. S. 503 f.

Lepke = Werthvolle Oel-Gemaelde älterer Meister und Sammlung von Kupferwerken und Kupferstichen aus dem Nachlasse der Ulrike von Levetzow. Versteigerungskatalog des Auktionshauses Rudolph Lepke v. 20./22. November 1900.

Levetzow = Ulrike von Levetzow im Lichte ihrer eigenen Mitteilungen, in: Vossische Zeitung. Königlich privilegierte Berlinische Zeitung, Nr. 47 v. 29. Januar 1904.

Müller = Kanzler Friedrich von Müller, Unterhaltungen mit Goethe. Mit Anmerkungen versehen u. hrsg. v. Renate Grumach. Weimar: H. Böhlaus Nachf. 1982.

Obstgarten = Isidor Obstgarten, Ulrike von Levetzow, in: Theater-, Kunst- und Literatur-Zeitung. Hrsg. u. redigiert v. Isidor Obstgarten. 5. Jg. 20. November 1899.

Sauer I = Ulrike von Levetzow und ihre Erinnerungen an Goethe. Mitgeteilt v. August Sauer, in: Deutsche Arbeit. Monatschrift für das geistige Leben der Deutschen in Böhmen. 3. Jg. H. 4. München–Prag: Georg D. Calway, Januar 1904, S. 293–307.

Sauer II = Hedda Sauer, Goethe und Ulrike. Reichenberg: Sudetendeutscher Verlag Franz Kraus 1925.

Schwabe = Toni Schwabe, Ulrike. Berlin: Carl Curtius Verl. [1943].

Trunz = Goethes Werke. Hamburger Ausgabe in 14 Bänden. Hrsg. v. Erich Trunz. München: C. H. Beck 1989.[14]

Viehoff = Goethe und Ulrike von Levetzow. Erzählung v. Heinrich Viehoff, in: Deutsche Revue. 9. Jg. Bd. 2, H. 5, Mai 1884, S. 133–154.

WA = Goethes Werke. Hrsg. im Auftrage der Großherzogin Sophie von Sachsen. Weimar: H. Böhlau 1887–1919 (Weimarer Ausgabe). Abt. I: Poetische Werke und Schriften; Abt. II: Naturwissenschaftliche Schriften; Abt. III: Tagebücher; Abt. IV: Briefe.

Wildberg I = Bodo Wildberg, Jugend-Erinnerungen an Ulrike von Levetzow, in: Berliner Lokal-Anzeiger Nr. 461 v. 1. Oktober 1899, 11. Beiblatt.

Wildberg II = Bodo Wildberg, Drei Sommer bei Ulrike von Levetzow, in: Die Gartenlaube: Nr. 9/1926 v. 4. März, S. 173 f.

Zelter = Goethes Briefwechsel mit Zelter, Auswahl v. Mary Sabià. Leipzig: Wolkenwanderer-Verlag 1923.

Bildquellen

Die Bilder auf den Seiten 101, 117, 118, 119 stammen aus: Adolf Kirschner, Erinnerungen an Goethes Ulrike und an die Familie von Levetzow-Rauch, Aussig 1904.

Die Bilder auf den Seiten 2, 99, 103, 105, 111, 115, 121, 122 aus: Hedda Sauer, Goethe und Ulrike, Reichenberg 1925.

Bild S. 80 Silberner Siegelring von Unbekannt [wohl um 1823]. Geschenk Goethes an Ulrike v. Levetzow, innen graviert: «Goethe»; «Ulrike». Ring auf lederbezogener Unterlage, mit Inschrift:

BOEM. CARNEOL
GESCHENK
GOETHES
AN
ULRIKE
MARIENBAD
1823

Privatbesitz: Foto Hammer, Zürich

Bild S. 107 (Farbloses böhmisches Glas mit Schliff. Im vorderen Feld die eingravierte Widmung: «Andenken den 28. August 1823 in Carlsbad»; in drei Medaillons die eingravierten Namen «Ulrike. Amélie. Bertha»): Stiftung Weimarer Klassik / Museen.

Die Deutsche Bibliothek – CIP Einheitsaufnahme

«. . . keine Liebschaft war es nicht» : eine Textsammlung /
Johann Wolfgang v. Goethe/Ulrike von Levetzow.
Hrsg. von Jochen Klauss. – 1. Aufl. –
Zürich : Manesse Verlag, 1997
(Manesse-Bücherei)
ISBN 3-7175-8224-0
NE: Goethe, Johann Wolfgang von; Levetzow, Ulrike von;
Klauss, Jochen; GT

Buchgestaltung:
Brigitte und Hans Peter Willberg, Eppstein